99 CURIOSIDADES HISTÓRICAS

COLECCIÓN APRENDER

EDICIONES UNIVERSAL, Miami, Florida, 2024

Alexis Ortiz

99 CURIOSIDADES HISTÓRICAS

Copyright © 2024 by Alexis Ortiz

Primera edición, 2024

EDICIONES UNIVERSAL
P.O. Box 450353 (Shenandoah Station)
Miami, FL 33245-0353. USA
e-mail: ediciones@ediciones.com
http://www.ediciones.com
(Desde 1965)

Library of Congress Catalog Card No.:

ISBN: 978-1-59388-348-5

Composición de textos: María Cristina Salvat

Diseño de la cubierta: Luis García Fresquet

En la portada fotos de algunos de los personajes que aparecen en el libro

Todos los derechos
son reservados. Ninguna parte de
este libro puede ser reproducida o transmitida
en ninguna forma o por ningún medio electrónico o mecánico,
incluyendo fotocopiadoras, grabadoras o sistemas computarizados,
sin el permiso por escrito del autor, excepto en el caso de
breves citas incorporadas en artículos críticos o en
revistas. Para obtener información diríjase a
Ediciones Universal.

A los jóvenes hispanos que, en estos tiempos de vértigo y hastío, se atreven a LEER.

ÍNDICE

PRÓLOGO DE HORACIO MEDINA 15
INTRODUCCIÓN 17
CHURCHILL Y LOS BOLETOS DE BERNARD SHAW 19
BORGES Y LA CEGUERA PERONISTA 21
NEZAHUALCOYOTL REY POETA 22
LINCOLN Y EL POBRE KONGAPOOD 24
BOLÍVA R Y LAS DIFICULTADES 26
CHAPLIN Y EISTEIN: ELOGIOS MUTUOS. 27
MIRANDA Y CATALINA DE RUSIA 29
KISSINGER Y EL AFRODISÍACO 31
RÓMULO BETANCOURT: ¡QUE NO SE
    CAIGA EL GOBIERNO!. 33
ÁNGELA MERKEL MAQUILLADA. 35
HERRERA CAMPINS: NO BAJARSE DE LA RUEDA 37
CARDENAL OBANDO Y EL GALILEO. 39
GUZMAN BLANCO Y LA MANZANA 41
DE GAULLE: ¡VIVE LE QUEBEC LIBRE! 42
CARLOS ANDRÉS PÉREZ Y LAS PROTESTAS. 44
EL MARISCAL SUCRE SIN RENCORES 46
ALMIRANTE BOLIVIANO Y HUGO CHÁVEZ. 47
CERVANTES: ¡LA MÁS ALTA OCASIÓN! 49
ANDREA DE LEDESMA QUIJOTESCO. 51
CARLOS GARDEL PROTECTOR DE
    ASTOR PIAZZOLA Y FRANK SINATRA 53
ANDRES BELLO MAESTRO DE BOLÍVAR 55
JOSÉ MARTÍ EN CARACAS 56
ANDRÉS ELOY BLANCO: HUMANISTA Y HUMORISTA . . 60
GUAICAIPURO: ESTADISTAS, GUERREROS Y MÁRTIRES 64
EL TIRANO AGUIRRE Y LA AREPA. 65
EL SUEÑO DE MARTIN LUTHER KING. 69
BENITO JUÁREZ PLATICADOR 71
CLEOPATRA, LA TAYLOR Y LA CULEBRA. 73
GAITÁN: *¡EL ALMA DE LA REVUELTA!* 75

FERMÍN TORO PARLAMENTARIO DE LUJO 77
DIÓGENES EL PERRO Y ALEJANDRO EL GRANDE 79
MANDELA SE ATREVIÓ A PERDONAR 80
WHITMAN POETA DE LA DEMOCRACIA. 82
CARLOS I Y FELIPE II IMPERIALES. 84
TERESA DE ÁVILA DOCTORA DE LA IGLESIA. 87
CANTINFLAS PEDAGÓGICO. 89
TEODORA: RAMERA, REINA Y REPRESORA 91
SANTA TERESA DE CALCUTA COSMOPOLITA 93
BOLÍVAR Y PABLO MORILLO RIVALIDAD
    Y ADMIRACIÓN 96
SIETE LIBROS Y SIETE AMIGOS 98
GRACIAS A LA VIDA DE LA VIOLETA 102
BENJAMÍN FRANKLIN VERSATIL. 106
LOS NAPOLEONES DE FRANCIA:
    ARROGANCIA DE PODER Y COLAPSO 108
ANDRÉS BELLO, CRISTÓBAL COLÓN
    Y EL BARÓN DE HUMBOLDT: PIONEROS. 111
DAYAN: LO QUE HABÍA QUE VER 115
SALMAN RUSHDIE ACUSADO Y ACOSADO. 117
LUCRECIA BORGIA Y PUTIN: ¿VENENOSOS? 119
NIKITA KRUSCHEV Y LOS VALSES UCRANIANOS..... 122
HEMINGWAY Y LA SABIDURÍA 124
VOLTAIRE: LA OPINIÓN LIBRE 125
JOAQUÍN BALAGUER Y LA CEGUERA. 127
GANDHI: FRANCISCANO. 129
NICARAGUA Y LOS POETAS 131
ZELENSKI HÉROE DE ESTE TIEMPO. 134
KONRAD ADENAUER Y LUDWIG ERHARD,
    ALEMANES MODELICOS............................ 136
«CAPITANES AMÉRICA»: DEREK JETER
    Y LANDON DONOVAN 139
ALFONSO «CHICO» CARRASQUEL,
    ORESTES «MINNIE» MIÑOSO Y EL RACISMO 142
EL PEINADO DE DON KING 144

BILL CLINTON, LA JUEZA SOTOMAYOR
    Y LA HUELGA DE PELOTEROS 146
LA MADRE DE CR-7 148
SUPERDOTADOS Y ZAPATOS MAGICOS............. 150
MANE GARRINCHA, VINICIUS JR Y
    EL RECHAZO AL JOGO BONITO................. 152
CAPABLANCA, KASPAROV Y OTROS
    MAESTROS DEL AJEDREZ...................... 154
MICKEY MANTLE, WILLIE MAYS Y LOS $ 100 MIL..... 156
MICHEL PHELPS, DIOS DE LAS AGUAS.............. 159
FÚTBOL: EL DEPORTE REY 161
SERRAT EN CARACAS............................ 166
HOMICIDIO EN LA GUARDIA SUIZA VATICANA....... 168
LA MAESTRA ANDALUZA 170
ORÍGEN DE LOS NOMBRES ESPAÑOLES.............. 171
MARÍA.. 173
PALABRAS HISPANAS DE VARIADOS ORÍGENES...... 175
MESES Y DÍAS DE LA SEMANA..................... 178
¡SI PUERTO RICO ME LLAMA!...................... 181
LIBRE Y «AVISPAO» COMO UN GATO 185
HISPANOHABLANTES EN EEUU 187
CUMBRE AMAZÓNICA DUDOSA..................... 190
2023: APOTEOSIS DEL FUTBOL FEMENINO
    Y LAS CAMPEONAS ESPAÑOLAS................. 192
LOS MÉDICOS DE CÓRDOBA 194
IDIOTAS GRIEGOS Y ANTI POLÍTICA 196
NARCOCULTURA Y TV 198
RESIDENCIA DE ESTUDIANTES DE MADRID (G-27).... 200
LAS CORNADAS DE «EL CORDOBÉS» 202
CHINA: EL DESAFÍO AMARILLO 206
NATIVOS, PIELES ROJAS Y CARAPÁLIDAS 209
LOS CRONISTAS DE INDIAS....................... 211
GENOCIDIO BELGA EN EL CONGO 213
PREMIOS NOBEL DUDOSOS........................ 215
ATENAS, MIAMI, BÁRBAROS Y EXILIO............... 217

EL MITO DE EL DORADO 219
DESTAPE DEL TAPÓN DE DARIÉN 220
LOS BALAZOS CONSTITUCIONALES 222
INTELIGENCIA ARTIFICIAL (Encuesta) 225
COMENTARIO POSTRERO 244

RESUMEN CURRICULAR DE ALEXIS ORTIZ........... 247

«La lectura es libertad y el lector, al leer, reinventa aquello mismo que lee. Participa en la creación universal».
Octavio Paz.
Poeta y ensayista mexicano. Premio Nobel de Literatura 1990 y Cervantes 1981.

*«No tengo talentos especiales, pero sí soy profundamente **curioso**».*
Albert Einstein.
Científico judío, alemán, suizo, austríaco y norteamericano. Premio Nobel de Física 1921.

*«La vejez es la pérdida de la **curiosidad**».*
José Martínez Ruiz. **AZORIN.**
Escritor español de la Generación del 98.

«En el estudio no existe la saciedad».
Erasmo de Rotterdam.
Filósofo humanista cristiano holandés.

«Al contrario del esquema habitual me he hecho gradualmente más rebelde a medida que envejezco».
Bertrand Russell.
Filósofo británico.

EXPLICACIÓN PREVIA:

Presentamos este libro en el formato de temas distintos e independientes entre sí, para que democráticamente el lector escoja lo que quiere, le guste o le convenga leer.

PRÓLOGO DE HORACIO MEDINA:

Cuando Alexis Ortiz me pidió que escribiera el prólogo de este libro, no solo lo tomé como una distinción, sabía que venía acompañada por un gran compromiso tanto con él, como con sus lectores.

Pues bien, comenzaré por decir que el título «99 CURIOSIDADES HISTORICAS», me causó un gran impacto y una gran curiosidad. ¿Por qué 99 y no 100, por ejemplo?

De inmediato lo asocié con la numerología que, aunque no se considera una ciencia en el sentido tradicional del término, ya que no está respaldada por evidencia empírica sólida y no se basa en métodos de investigación científica rigurosos, si es real la creencia que sostiene que los números tienen significados y cualidades especiales, tienen una vibración o energía particular que puede influir en la vida de las personas y ha sido practicada durante siglos en diversas culturas en todo el mundo, cuyo origen parece remontarse hasta las antiguas Babilonia y Egipto.

Dos números nueve (99) que sumados producen el dieciocho (18) y que, al sumarlo, vuelve a resultar en nueve (9). Esa era la clave, sabiendo que el número 9 se considera un número altamente espiritual y se asocia con la sabiduría interior, la iluminación espiritual y la comprensión profunda de la vida y el mundo que nos rodea. Simboliza el cierre y la finalización de cosas, lo que prepara el terreno para un nuevo comienzo, en el ciclo siguiente. Conectados por el nueve (9), buscamos un propósito más elevado en la vida y tiene un profundo deseo de contribuir al bienestar de la humanidad.

Sin duda este libro escrito por Alexis, con cada una de las 99 curiosidades históricas y anécdotas, nombres como Colón, Humboldt, Cervantes, Lincoln, Voltaire, Bolívar, Miranda, Sucre, Martí, Churchill, De Gaulle, Chaplin, Einstein, Gandhi, Gaitán, Betancourt, Hemingway, Mandela, Luther King, «Cantinflas», Serrat, Zelenski, variedades como los Deportes, las Artes, los Nombres y Palabras, la Música, la Historia, el Ambiente, en fin una amplia variedad de temas que deja muy claro, su gran bagaje cultural, expresado en piezas cortas y amenas.

Por eso afirmamos que este libro contribuye con la comprensión completa de la historia humana. Revela la formación de un historiador que recurre a esta técnica para facilitar la comprensión misma de la historia. Se trata de un libro que nos hace viajar a través del tiempo y el conocimiento, donde el lector explorará 99 aspectos diferentes de la historia pasada y de la vida contemporánea, entremezclados en sus relatos sencillos y al tiempo densos y reflexivos. Bien seleccionados.

Los invito con entusiasmo a sumergirse en las páginas de este libro. En sus 99 curiosidades históricas, allí encontrarán no solo una variedad fascinante de temas y personajes, como mencionamos, sino también conexiones sorprendentes que revelan la profunda interrelación presente en la historia.

A medida que exploran estas curiosidades, se embarcarán en un viaje marcado por el conocimiento, un viaje que les permitirá descubrir muchos episodios que han terminado por dar forma a nuestro mundo. En cada página, el número 9, con su significado espiritual, actúa como un hilo conductor, guiándonos hacia un mayor entendimiento y conexión con la historia y el propósito de la humanidad.

INTRODUCCIÓN

Nuestros sabios campesinos parecen tener razón:

«Vivimos un tiempo en que mona no carga a su hijo».

A primera vista todo luce promisorio y luminoso. Los avances de la ciencia, tecnología e ideas en general, se ofrecen imparables y sin límites. Pero es imposible no ver las nubes negras:
 El atropello a la casa en que vivimos, el planeta; el desenfreno del consumismo y los individualismos; la disolución del amor al prójimo y la humildad; la apoteosis de los engreimientos tribales; apertura de fronteras para los capitales, productos u ofertas tecnológicas y levantamiento de muros para las personas y, en fin, días confusos y difusos que conviven con los hallazgos siderales y las amenazas «inteligentes» a la condición humana.
 De todos modos, el pesimismo no es la opción para encarar la realidad azarosa, el ritmo frenético de la actualidad, la incertidumbre que nos envuelve y confunde. Es hora de evitar lamentos y postraciones, de practicar lo que en un momento de lucidez, un italiano comunista, o sea cuasi fascista, Antonio Gramsci, llamó:
 «Pesimismo de la inteligencia y optimismo de la voluntad».
 Con ese propósito ofrecemos este libro **sobre todo a los jóvenes.** Abrumados guardianes de un porvenir humano que es imperativo salvar. En el talento y pulsión libertaria de ellos depositamos nuestra fe.
 Por eso nos atrevemos a escribir libros. El libro humaniza y permite al ser humano verse por dentro y trascender hacia los territorios del conocimiento, con aroma de fantasía y libertad.
 Semidioses de la escritura como Cervantes, Shakespeare, Goethe, Sor Juana Inés de la Cruz, Lope de Vega, Tirso de Molina, Faulkner, Whitman, Santa Teresa de Jesús, Toni Morrison, Murakami, Safo, Nezahualcóyotl, Tomás de Aquino, Sedar Senghor, Poe, Lao Tse,

Rubén Darío, Lord Byron, Grazia Deledda, Ramos Sucre, Víctor Hugo, García Márquez, Miguel Angel Asturias, Roa Bastos, Octavio Paz, Pearl Buck, Gabriela Mistral, Pablo Neruda, Rómulo Gallegos, Nadine Gordimer, hermanos Machado, James Joyce, Lorca, Marguerite Yourcenar, Evtushenko, Doris Lessing, Schopenhauer, Unamuno, Juana de Ibarbourou, Martí y Varela, Carlos Alberto Montaner, Bernard Shaw, Valle Inclán, Bertrand Rusell, Camus, Ionesco, Moliere, Karl Popper, Eminescu, Kundera, Homero, Sófocles, Horacio, Virgilio, Toynbee, Paul Johnson, Sábato, Maimónides, Averroes, Francisco de Asís, Jorge Amado, Henríquez Ureña, Umberto Eco, Pérez Reverte, Fernando Savater, Alice Munro, Rafael Cadenas, Germán Arciniegas, Sartre, Simone de Beauvoir, Alfonso Reyes, Isaac Asimov, Kennedy Toole, J. R. Tolkien, Irene Vallejo, Giovanni Papini, Jorge Mañach... Fueron lectores consumados y dos de ellos, Jorge Luis Borges y Mario Vargas Llosa, proclamaron que estaban más orgullosos de lo que habían leído que de lo que escribieron.

Y es que lectura, dominio de la palabra, del idioma, de la escritura y riqueza del pensamiento y de la creatividad, son todos términos enlazados, que se apoyan y se fertilizan.

Por eso **leer completa y no hacerlo disminuye la humanidad.**

Y desde luego, nuestro propósito más íntimo es despertar la **CURIOSIDAD** de jóvenes, adultos y veteranos en **TODOS** los temas, experiencias, hallazgos y vicisitudes humanas, y no sólo en lo que acontece en su alrededor más próximo.

Hacemos un quizás impotente llamado a recuperar el espíritu enciclopédico renacentista.

I

CHURCHILL Y LOS BOLETOS DE BERNARD SHAW

Los súbditos ingleses, consultados en una encuesta, reconocieron que el personaje más importante de su historia, fue Winston Churchill, el estadista que los condujo a la victoria en la II Guerra Mundial.

El vivió un frenesí de intelectual, político, gobernante y hasta guerrero. Por obras como *«Historia de los pueblos ingleses»* (4 volúmenes), ganó un controversial Premio Nobel de Literatura en 1953.

Se le celebra por anécdotas como un lance con el dramaturgo irlandés George Bernard Shaw (Premio Nobel de Literatura 1925).

Se cuenta que Shaw, para la *premiere* de un drama teatral suyo, le envió una invitación a Churchill, con el siguiente mensaje:

—*Señor Primer Ministro, me complace invitarlo al estreno de mi obra. Le envío dos boletos para que venga con un amigo.* **¡Si es que tiene algún amigo!**

La respuesta de Churchill fue rauda:

-*Señor Shaw, compromisos de estado me impiden asistir al estreno de su obra. Pero le prometo asistir la segunda noche,* **¡Si es que la obra tiene una segunda noche!**

También se recuerda a este héroe de la II Guerra Mundial, por sus frases llenas de humor y sabiduría, verbigracia:

«Los primeros cristianos decían: todo lo mío es tuyo. Los socialistas dicen: todo lo tuyo es mío».

«La Democracia es el peor de los sistemas políticos, con excepción de todos los demás».

«Un fanático es alguien que no quiere cambiar de opinión y no quiere cambiar de tema».

«El mejor argumento contra la Democracia es una conversación de cinco minutos con el votante promedio».

«Personalmente estoy siempre dispuesto a aprender, aunque no siempre me gusta que me den lecciones».

Y en 1940, cuando el rey Jorge VI lo elevó al mando de estado, en medio del peor momento de Inglaterra en la contienda mundial, Churchill lanzó un discurso inspirador por su realismo:

«No tengo nada que ofrecer más que trabajo, sangre, sudor y lágrimas...»

II

BORGES Y LA CEGUERA PERONISTA

El más excelso escritor en lengua castellana del siglo XX fue, al parecer de legos y entendidos, el argentino Jorge Luis Borges. Por su rechazo al militarismo, pulsión democrática, pero también por sus excentricidades, él fue castigado hasta la humillación, por el dictador Juan Domingo Perón y su revanchista esposa Evita.

Hoy en día Borges tiene un reconocimiento planetario como poeta, ensayista, traductor y sobre todo como cuentista, taumaturgo de la palabra precisa y las propuestas fantásticas.

En sus últimas décadas de vida padeció una ceguera hereditaria. Se cuenta que una vez con su bastón, estaba dudoso para cruzar una calle, cuando se le acercó un muchacho amable que le dijo:

—*Maestro, ¿me permite ayudarlo a pasar la calle?*

—*Claro, muchas gracias,* contestó el escritor. Al alcanzar el otro lado de la vía el joven le confesó:

—*Maestro, quiero decirle que yo soy peronista.* Entonces el autor de «*Fervor de Buenos Aires*», «*Historia Universal de la infamia*», «*Ficciones*» y el «*Aleph*», le replicó:

—*No se preocupe joven* **que yo también soy ciego.**

III

NEZAHUALCOYOTL REY POETA

En su *«Salutación a Roosevelt»* Rubén Darío, príncipe americano de las letras españolas, dijo que en Hispanoamérica había poetas desde los tiempos de Nezahualcóyotl.

Este rey (Huei Tlatoani, venerado orador en traducción al castellano de la lengua nahuatl) de la ciudad de Texcoco, Valle de México, vivió entre 1402 y 1472. Fue hijo de un Señor de su ciudad natal y una princesa azteca. Se educó con esmero para las funciones del estado. Su juventud la fatigó huyendo de la persecución de los tepanecas, que habían conquistado el reino de su padre, hasta que logró organizar un frente con otras tribus tiranizadas también por los tepanecas y, entre 1427 y 28, lograron liberar a sus pueblos y castigar a los invasores. De ese modo se construyó una *Triple Alianza* invencible integrada por Texcoco, Tenochtitlán y Tacuba. Fue entonces el tiempo de mayor esplendor del México precolombino. Nezahualcóyotl fue el primer gran estadista del continente americano. Además de Poeta destacó como filósofo, arquitecto, ingeniero, militar, legislador, jurista y gobernante conservador de la naturaleza. Su nombre en lengua náhuatl (la de los aztecas), significa *«coyote que ayuna»*. De sus poemas queremos dejarles aquí trozos de uno que expresa su desconcierto ante la muerte inexorable:«¿A dónde iremos / donde la muerte no exista? / Mas, ¿por esto viviré llorando? / Que tu corazón se enderece: / aquí nadie vivirá para siempre.

Aún los príncipes a morir / vinieron, / los bultos funerarios se / queman. / Que tu corazón se enderece: Aquí nadie vivirá para / siempre.

«Yo Nezahualcóyotl lo pregunto: / ¿Acaso de veras se vive con / raíz en la tierra? / Nada es para siempre en la / tierra: / Sólo un poco aquí. / Aunque sea de jade se quiebra, / Aunque sea de oro se rompe, / Aunque sea de plumaje de quetzal / se desgarra. / No para siempre en la tierra: / Sólo un poco aquí.

«No acabarán mis flores, / No cesarán mis cantos. / Yo cantor los elevo, / Se reparten, se esparcen.

IV

LINCOLN Y EL POBRE KONGAPOOD

Abraham Lincoln fue un hombre del legendario Lejano Oeste. Nació en medio de una familia humilde de Kentucky, en 1809 y murió como mártir de la libertad en Washington, en 1865.

Estudió abogacía por correspondencia y litigó con éxito en los foros jurídicos. Fue el décimo sexto presidente de los Estados Unidos y, antes de la elección para tal cargo, había sido miembro de la Cámara de Representantes de Illinois y del Congreso Federal.

Su relevancia histórica se puede sintetizar así:

Como político y estadista, fue un modelo de moderación, tolerancia, profesionalismo y astucia.

Con sabiduría y reciedumbre lideró a los Estados Unidos en su momento de mayor tragedia política, moral y militar, la Guerra Civil o de Secesión, entre los estados esclavistas, agrícolas y rurales del sur; y los industriales, democráticos y de vocación urbana del norte.

Esa sangrienta guerra fratricida produjo cientos de miles de muertos y heridos. Pero con el liderazgo de Lincoln se preservó la integridad de EEUU.

Pagó un precio de impopularidad por oponerse a la intervención de Estados Unidos En México.

Abolió el ominoso régimen de esclavitud de los afroamericanos; y fortaleció y modernizó al gobierno federal.

Después de la victoria en la Guerra de Secesión, se propuso la reconciliación nacional y favorecer la reconstrucción del sur derrotado.

Fue un orador portentoso, se le compara con los antiguos Pericles, Demóstenes y Cicerón, y en el cierre de su Discurso de Gettysburg, proclamó la cada día más vigente definición de Democracia:

«*Qué esta nación, Dios Mediante, tendrá un renacimiento de libertad. Y que **el gobierno del pueblo, por el pueblo y para el pueblo**, no desaparecerá de la faz de la tierra*».

Fue un caballero de refinado y hasta compasivo sentido del humor. Se recuerda el epitafio que para un indígena al servicio de la familia, escribió:

«Aquí yace el pobre Johnny Kongapood; ten piedad de él, Dios bendito, como él la habría tenido de ti, si él hubiera sido Dios y Tu, el pobre Johnny Kongapood».

V

BOLIVAR Y LAS DIFICULTADES

El libertador de lo que hoy conocemos como Bolivia, Colombia, Ecuador, Panamá, Perú y Venezuela, el caraqueño Simón Bolívar, fue un general victorioso, pero sobre todo un estratega político de tronío.

Se cuenta que en una oportunidad un corresponsal extranjero le preguntó cómo funcionaba la dirección del proceso de la independencia suramericana de la monarquía española, y Bolívar le respondió:

*«Vea usted, Santander (*el neogranadino Francisco de Paula Santander*), es el hombre de las Leyes; Sucre* (el Mariscal venezolano Antonio José de Sucre)*, es el hombre de la Guerra; y yo soy el hombre de las dificultades».*

Lo que expresó la sabiduría del libertador es que él, **era el político**, porque por sobre todo, la tarea del político es **gerenciar con tino y calma las dificultades**. Resolver los problemas concretos cotidianos y de largo plazo, poner de acuerdo a los diferentes, garantizar los derechos de todos y lograr **consensos**.

En torno a esa enseñanza bolivariana, debemos reflexionar en nuestros días convulsos y transicionales, en los que la moda es la anti política, satanizar a la política, los partidos y los políticos.

Como hoy sabemos, tal distorsión le está costando muy cara a la convivencia democrática y a la humanidad toda.

VI

CHAPLIN Y EISTEIN: ELOGIOS MUTUOS

En el siglo XX la humanidad conoció a dos genios deslumbrantes, uno en los territorios de la ciencia y otro en los escenarios humanísticos de la cinematografía naciente.

El primero Albert Einstein, considerado el científico más importante y popular de la centuria; y el otro Charles Spencer «Charlie» Chaplin, la figura emblemática del cine mudo.

Einstein (1879-1955) un judío alemán que, además, ostentó las nacionalidades suiza, austríaca y norteamericana. Fue un físico cuántico, matemático, filósofo y diplomático. Sus grandes hallazgos estuvieron en la energía atómica y los efectos fotoeléctricos.

Pero el mayor de sus logros y de la ciencia contemporánea, fue el de la Teoría de la Relatividad. Por sus trabajos recibió el Premio Nobel de Física en 1921.

Chaplin (1889-1977), con su personaje «Charlot», antes del cine sonoro desplegó un lenguaje gestual, mímico, poético y expresivo. Entre sus filmes inolvidables están «Tiempos Modernos», «El Gran Dictador» (remedo de Hitler), «El Chico», «Candilejas» y «La quimera del oro»,

Por su gran aporte al cinematógrafo, la Academia de Hollywood le concedió un Oscar en 1972.

Ambos nos dejaron frases de luminosas:

Einstein: *«Locura es hacer lo mismo una y otra vez y esperar obtener resultados diferentes»... «El verdadero signo de la inteligencia no es el conocimiento, sino la imaginación».*

Chaplin: *«Un día sin reír es un día perdido»... «La vida ha dejado de ser un chiste para mí; no le veo la gracia».*

Pero lo que más se recuerda son los elogios públicos que se hicieron los dos sabios en una cena:

Einstein: «Lo que he admirado siempre de usted es que su arte es universal; todo el mundo le comprende y le admira».

Chaplin: *«Lo suyo es muchísimo más digno de respeto; todo el mundo le admira y prácticamente nadie le comprende».*

VII

MIRANDA Y CATALINA DE RUSIA

El primer hispanoamericano de reconocimiento universal, vivió entre 1750 y 1816, fue el precursor de la independencia de las colonias españolas en el Nuevo Mundo americano y se llamó: Sebastián **Francisco de Miranda** y Rodríguez Espinosa.

Este caballero nacido en Caracas, con estudios en la Universidad Central de Venezuela, rechazado por la aristocracia mantuana del país, fue un intelectual renacentista, versátil en sus conocimientos:

Un político, estratega y comandante militar, versado en ingeniería, arquitectura, artes plásticas, música, diplomacia, literatura, filosofía, matemáticas, idiomas (era un políglota)...

Para el provecho de sus contemporáneos americanos, recogió en casi cien volúmenes (*La Colombeia*) las experiencias de sus correrías por los tres continentes en los que actuó como político y militar: América, Europa y Africa (Norte).

Como oficial y/o civil, fue protagonista de las revoluciones de Norteamérica (Batalla de Pensacola), Francesa (Mariscal en la acción de Valmy) y Suramericana (Generalísimo en Venezuela). Amén de sus acciones en Marruecos y Argelia y su reconocimiento como coronel de la Rusia zarista.

Trabó relación directa con grandes figuras de su tiempo:

Napoleón Bonaparte, William Pitt, George Washington, Samuel Adams, Henry Knox, Catalina II de Rusia, Gregori Potemkin, Simón Bolívar, José de San Martín, Andrés Bello, Bernardo O´Higgins, Jacques Brissot, el marqués de Condorcet, Johann Lavater...

La concepción de la Gran Colombia (unidad suramericana) como estrategia de consolidación de la emancipación continental, fue un diseño suyo que trató de poner en práctica, posteriormente, el libertador Simón Bolívar.

Mucho se ha hablado acerca de un **posible romance** entre Miranda y Catalina la Grande de todas las Rusias. Tal especulación es insostenible por dos razones: Catalina era 21 años mayor que el ilustre caraqueño; y el amante de ella era el principal protector de Miranda en la corte zarista: el almirante Gregori Potemkin.

VIII

KISSINGER Y EL AFRODISÍACO

Heinz Alfred Kissinger (Henry Kissinger) es un judío alemán que nació en Bavaria en 1923 y, cuando estábamos escribiendo este libro (2023), recibía homenajes por todas partes, en su centenario, por su conversión como norteamericano en un protagonista principalísimo de la política de Estados Unidos y el planeta todo.

Un baluarte de la contención, disuasión y balance de los poderes mundiales, en busca de los arreglos concertados de las diferencias entre naciones, para garantizar períodos duraderos de paz.

Se le critica sin embargo su preferencia por los acuerdos entre las potencias (EEUU, Rusia, China...), poca preocupación por las consecuencias sobre los países más débiles y, sobre todo, desatención de los derechos humanos.

Un académico de rango y proyección, catedrático de Harvard, rector de la Universidad George Washington, se destacó principalmente como Secretario de Estado (responsable de las relaciones exteriores), de los presidentes Richard Nixon y Gerald Ford.

Cumplió un rol de primera en el cierre de la Guerra de Vietnam (por eso recibió el Premio Nobel de la Paz, junto al vietnamita Le Duc Tho, en 1973); en la normalización de la relaciones con la China comunista de Mao y Zhou en Lai; y en los conflictos de India versus Pakistán e Israel contra los árabes.

Seguidor de las enseñanzas del canciller austríaco Klemens von Metternich (siglos 18 y 19), Kissinger ha sido un político, culto pero pragmático, recio y sobrio, enemigo del espectáculo y el exhibicionismo facilista y pueril.

Así se conoce la anécdota de una periodista que lo interrogó sobre un supuesto affaire de él con una actriz conocida, a lo que el Secretario de Estado Respondió:

-Usted ha sido mal informada. Yo no pierdo el tiempo en ese tipo de aventuras. *¡Para mí el mejor afrodisíaco es el poder!*

IX

ROMULO BETANCOURT: ¡QUE NO SE CAIGA EL GOBIERNO!

Hijo de un canario de La Orotava (Tenerife) y una criolla, Rómulo Betancourt Bello, nació en Guatire, Venezuela, en 1908 y murió en Nueva York en 1981.

Fue dos veces Presidente de la República (1945-48 y 1959-64) y, junto a Jóvito Villalba y Rafael Caldera, se le considera como uno de los padres fundadores de la Democracia civil venezolana.

Ya en 1928, en una protesta estudiantil contra la dictadura de Juan Vicente Gómez, emergió como portaestandarte de la resistencia a las tiranías, en una histórica generación civil (la del 28), donde también resplandecieron Jóvito Villalba, Raúl Leoni, Miguel Otero Silva, Rodolfo Quintero, Miguel Acosta Saignes, Kotepa Delgado, Juan Oropeza...

La primera Presidencia de Betancourt fue controversial por su origen golpista, pero incorporó al pueblo llano a la política (de la cual había estado ausente por más de un siglo) e indiscutiblemente, abrió el camino para la primera elección universal, directa y secreta, de un gobernante, el maestro Rómulo Gallegos en 1948.

Durante la dictadura del general Marcos Pérez Jiménez, el partido Acción Democrática, fundado en 1941 por Rómulo, Raúl Leoni, Andrés Eloy Blanco, Valmore Rodríguez, Luis Beltrán Prieto y otros, llevó la carga de la lucha clandestina contra el autócrata y sufrió una brutal represión que produjo el martirio de dirigentes adecos como Leonardo Ruiz Pineda, Antonio Pinto Salinas y Alberto Carnevali.

Cuando renació la Democracia en 1958-59, Rómulo ejerció una difícil pero exitosa segunda Presidencia, en la cual tuvo que derrotar golpes militares de derecha e izquierda, además de la insurrección comunista organizada, armada y financiada por el déspota cubano Fidel Castro.

Avances en la economía, la educación y la salud pública, la libertad de expresión y otros derechos, signaron la gestión de Betancourt. Se recuerda que el vandalismo político solía pedir la renuncia de Rómulo, a lo que él respondía:

-¡*Yo soy un presidente que no renuncia ni lo renuncian!*

En una oportunidad un valioso servidor público que gobernó con Betancourt, Enrique Tejera París, me contó en Lechería, junto a Gonzalo Oliveros y Marisela Riera, que él se había reunido con Rómulo para prevenirlo de una posible renuncia del ministro de Sanidad Arnoldo Gabaldón.

-*¿Por qué va a renunciar Gabaldón?*, indagó el presidente.

-*Bueno don Rómulo, él se queja de que Usted hace tiempo que no lo recibe para rendirle sus informes.*

- *Ah carajo Enrique. No te preocupes, ya voy a decirle a Gabaldón que se quede tranquilo. El es ministro de Sanidad porque es el que sabe de enfermedades, epidemias, hospitales y curaciones. ¿Qué se yo de eso? Le voy a decir que se ocupe él de la salud.*

¡***Qué yo me tengo que ocupar de que el gobierno no se caiga!***

X

ÁNGELA MERKEL MAQUILLADA

La primera mujer Canciller de Alemania (jefa del gobierno), fue Angela Dorothea Merkel, nacida en Hamburgo en 1954. Ella gobernó a su país entre el 2005 y el 2021. Y presidió a su partido la Unión Demócrata Cristiana (CDU), entre del 2000 y el 2018.

Se le reconoce como una de las excelsas gobernantes de las últimas décadas, en el mismo sitial que Golda Meir, Indira Gandhi y Margaret Thatchert.

Su juventud la pasó en la Alemania comunista (RDA), hasta que en 1989, a la caída del Muro de Berlín, se incorporó a la política germánica reunificada, como ministra del Canciller que lideró ese proceso, Helmut Kohl.

Ella es continuadora del Humanismo Cristiano que con Konrad Adenauer reconstruyó a la Alemania derrotada en la II Guerra Mundial; y con Ludwig Edhard practicó la Economía Social de Mercado que lanzó al país por la vía de un capitalismo útil, responsable, compasivo y solidario.

Además de dirigente política de vanguardia, también es una doctora en Física, para cuyo doctorado presentó una tesis que mereció la distinción *Magna cum laude.*

Como Canciller practicó una política centrista, consciente de que la Democracia moderna busca el centro y se aleja de los extremos. Logró por su habilidad para el diálogo y los acuerdos, unas coaliciones o entendimientos con los Verdes, Sindicalistas, Social demócratas y otros sectores, que le permitieron gobernar durante 16 años continuos.

Creyó en los derechos humanos y el respeto a las ideas ajenas: *«Hay una línea roja que no debemos cruzar. Es un compromiso con los derechos humanos, el respeto a la dignidad del ser humano».*

«El corazón y el alma de Europa es la tolerancia».

Por ser recia, austera y empeñada en la disciplina

fiscal; por su europeísmo comprometido; y por su actitud compasiva ante los inmigrantes y refugiados, vio maltratada su popularidad.

No les resultaba simpática a los comentaristas banales. Una vez uno de ellos se burló de la Canciller porque no se maquillaba. Una necedad, porque una estadista y científica de su rango, tenía otras preocupaciones.

Ella misma comentó que su propósito era gobernar bien, no verse bella.

XI

HERRERA CAMPINS: NO BAJARSE DE LA RUEDA

El presidente de la Cámara de Diputados de Venezuela en tiempos de la Democracia Civil, Ramón Guillermo Aveledo, escribió un libro biográfico del ex presidente Luis Herrera Campins (gobernó entre 1979 y 84), que se llama *«El llanero solidario»*.

El nombre es muy atinado porque este líder social cristiano, originario de los Llanos Altos occidentales venezolanos, además de talento, astucia, picardía del lenguaje y cultura diversa, se caracterizó por su amor al prójimo, la solidaridad con propios y extraños.

Su gobierno tuvo logros en la salud, educación, protección a la infancia, cultura, deportes, descentralización e internalización petrolera, infraestructura y, sobre todo, en tolerancia y respeto a los derechos humanos.

Por promover la prohibición de publicidad a licores y cigarrillos, en la prensa, radio y televisión sufrió un implacable acoso mediático.

Las máculas de su gobierno fueron el *Viernes Negro*, la devaluación de la moneda nacional *(pasó de 4,30 a 7,50 bolívares por dólar)*; y ciertos manejos dolosos de algunos de sus colaboradores.

Herrera Campins fue también secretario general de la Organización Demócrata Cristiana de América (ODCA); durante cuatro períodos diputado y senador al Congreso Nacional.

Cuando era director de la Fracción Parlamentaria de COPEI (partido social cristiano), siendo yo secretario liceísta de esa agrupación en Caracas, lo visité para informarle que, por molestias por maniobras de algunos compañeros, me disponía a dejar la política.

Ese sabio llanero, nacido en 1925 en Acarigua, educado en el Colegio La Salle de Barquisimeto, la Universidad Central de Venezuela y la de Santiago de Compostela, Galicia, España, en la cual se graduó de abogado en sus tiempos de exilio, me aconsejó:

—-*Mire Alexis déjese de pendejadas. De la política no se retira nadie. Esa actividad es como esas ruedas giratorias en los parques de atracciones. Los que están arriba de la rueda tratan de frenarla para que no baje y los que están abajo, presionan para que suba.*

¡Lo importante es no bajarse nunca de la rueda!

XII

CARDENAL OBANDO Y EL GALILEO

El nicaraguense Miguel Obando y Bravo fue ordenado sacerdote salesiano en 1958; y designado obispo auxiliar de Matagalpa y después Obispo de Managua, por el pontífice Paulo VI.

Durante el devastador terremoto de Nicaragua de 1972, cumplió heroicas jornadas de compasión y aliento a los víctimas. Y frente a la tiranía de Anastasio Somoza, fue un permanente defensor de los derechos humanos (al extremo que el dictador lo descalificara llamándolo «comandante Miguel»).

El papa Juan Pablo II consagró como cardenal católico a Obando y Bravo en 1985. Ante el autoritarismo y la entrega creciente al comunismo cubano del Frente Sandinista gobernante, el cardenal Obando se convirtió en recio vocero de los perseguidos.

Por ese motivo el gobierno represivo de Daniel Ortega y los llamados Nueve Comandantes, acosó al prelado tanto, que el papa Juan Pablo II, le asignó al arzobispo de Maracaibo, Venezuela, Domingo Roa Pérez, la tarea de viajar regularmente a Managua a asistir material y religiosamente a la Iglesia de Nicaragua.

En 1986 con mi amigo Angel Vivas Díaz (+), escribí un libro sobre la *Democracia en Centroamérica*. Por eso una mañana en presencia de Angel y de los monseñores Roa Pérez y Bismarck Carballo, entrevisté en su casa de Managua al cardenal Obando.

Cuando le pregunté cómo podría terminar el ensañamiento de los sandinistas contra él, me respondió:

-Al final Ortega, que hoy nos persigue como Juliano el Apóstata a los cristianos del siglo cuarto, tendrá que reconocer: **¡Venciste Galileo!**

Todos sabemos que el emperador romano-griego Juliano, empeñado en revivir al paganismo, llamaba a N. S. Jesucristo el Galileo, por ser este oriundo de esa región de Tierra Santa. Por eso en el momento de su muerte lanzó su famosa frase, repetida por el cardenal Obando en referencia a Ortega:

¡Venciste Galileo!

XIII

GUZMAN BLANCO Y LA MANZANA

Antonio Guzmán Blanco fue un caudillo civil y militar de la cruenta y ruinosa Guerra Federal venezolana (1859-1863).

Aunque su abundosa corte de adulantes lo llamaba «Ilustre Americano», la verdad es que fue un autócrata represivo y corrupto, con algunos logros en la modernización de las edificaciones públicas caraqueñas. Además se le reconoce la emisión de un decreto de Instrucción Pública obligatoria.

Entre sus abusos de poder se cuentan la persecución al ilustre jurista Cecilio Acosta y la expulsión de Venezuela del Apóstol de la Libertad de Cuba, José Martí.

Y entre los maltratados por Guzmán estuvo el poeta costumbrista Nicanor Bolet Peraza. En una representación poética en un teatro capitalino, Bolet Peraza para resaltar lo desmesurado que era el dictador en materia de corrupción, mostró una manzana y dijo:

—*Por una cual la presente / perdió el Paraíso Adán. / Si hubiera sido Guzmán / se come hasta la serpiente.*

Desde luego que el poeta termino en prisión y finalmente murió en el destierro, en Nueva York

XIV

DE GAULLE: ¡VIVE LE QUEBEC LIBRE!

Uno de los personajes más relevantes de la milenaria historia de Francia, fue el general y estadista Charles André Joseph Marie de Gaulle (1890-1970).

Durante la II Guerra Mundial, este caballero fue el héroe principal de la resistencia al gobierno invasor de Francia, del Tercer Reich hitleriano alemán.

Desde su exilio en Londres enviaba mensajes radiales diarios para que no decayera en los campos y las ciudades francesas, el espíritu de lucha de su pueblo.

En verdad los nazis pudieron tomar a Francia, porque no hicieron caso a De Gaulle, que propuso modernizar al ejército francés y pasar del anacrónico modelo de guerra de trincheras, a otro de blindados y movimientos veloces.

Al finalizar la guerra con la derrota del Eje (Alemania, Italia y Japón) por los aliados (Estados Unidos, Gran Bretaña y Unión Soviética), el general de Gaulle encabezó un gobierno democrático de transición.

Después le correspondió gobernar de nuevo a la nación gala entre 1959 y 69. Durante ese período desplegó la ilusión política de «La Grandeur» (Grandeza) francesa, muy celebrada por su ministro de Cultura, André Malraux.

La gestión del general De Gaulle fue de disputas con los Estados Unidos e Inglaterra, reconciliación con Alemania y empeño en fortalecer la Unión Europea.

Tuvo que lidiar con la descolonización de Argelia y las masivas protestas de estudiantes y trabajadores franceses del alborotado Mayo 68 de París.

Después de eso, precisamente en 1969, año de la renuncia de De Gaulle al poder, llegué yo a vivir una temporada en Burdeos, en el sudoeste de Francia.

Uno de los episodios más sonoros y hasta escandalosos del general como mandatario, tuvo lugar el 24 de julio de 1967, cuando desde un balcón del Ayuntamiento de Montreal, Canadá, promovió la independencia de esa provincia de población y cultura de remoto origen francés, con el grito:

—¡**Vive le Québec libre!** (¡Viva Quebec libre!).

El atrevimiento del jefe de estado francés, fue protestado como una agresión contra Canadá, por el primer ministro de ese país, Lester Pearson y muy criticado por los moderados de Francia, como una innecesaria violación protocolar.

XV

CARLOS ANDRÉS PÉREZ Y LAS PROTESTAS

El libro biográfico que escribí en el año 2008: *«Carlos Andrés Pérez: la política es la vida»*, lo titulé así porque en verdad, el dos veces Presidente de Venezuela, vivió por y para la política democrática.

Pérez comenzó su carrera como asistente de Rómulo Betancourt en su primer mandato (1945-48) y luego continuó en esa función en el exilio de ambos en Cuba y Costa Rica, mientras duró la dictadura de Marcos Pérez Jiménez.

Al regreso de la Democracia en 1958, en el segundo gobierno de Betancourt (1959-64), Carlos Andrés Pérez (CAP) como ministro del Interior, fue clave para la defensa de la institucionalidad, la derrota de los golpistas de derecha e izquierda, y de la agresión a Venezuela del tirano comunista cubano Fidel Castro.

Durante los siguientes períodos constitucionales (presidentes Raúl Leoni y Rafael Caldera), CAP fue jefe de la Fracción Parlamentaria y Secretario General de su partido, Acción Democrática, respectivamente.

En diciembre de 1973, fue electo presidente para el quinquenio 74-79. Su primer gobierno fue controversial por lo dispendioso, pero estuvo marcado por las nacionalizaciones del hierro y el petróleo y por la creación del Plan de Becas Gran Mariscal de Ayacucho, que le permitió a Venezuela educar una vanguardia gerencial en las universidades más prestigiosas del orbe.

En tiempos de los gobiernos democráticos de Luis Herrera Campins y Jaime Lusinchi, CAP destacó en la escena mundial como vicepresidente de la Internacional Social Demócrata.

Fue elegido de nuevo primer mandatario en 1988. Esta segunda gestión concluyó con dos fracasados golpes de estado y una estólida conspiración civil contra Pérez, que crearon el escenario propicio para que terminara llegando al poder, un lustro más tarde, el teniente coronel golpista Hugo Chávez, con las trágicas consecuencias que ahora padecemos los venezolanos.

En su segundo mandato Pérez intentó un programa de rescate económico, actualización democrática y descentralización del país, pero fue arteramente saboteado **(en acción suicida)** por políticos, empresarios, jueces, fiscales, intelectuales, sindicalistas y medios de comunicación social.

Todo arrancó cumplido apenas un mes de su toma de posesión, en abril de 1989, cuando unas protestas populares se convirtieron en desenfreno del vandalismo, que sacudió aparatosamente a la nación.

Carlos Andrés Pérez era un estadista de fuste pero un hombre con exceso de confianza en sí mismo. Dos meses después de los mentados sucesos de Abril, los parlamentarios del estado Sucre nos reunimos con él en el palacio de Miraflores. Cuando me tocó el derecho de palabra le expresé:

—*Señor presidente, nosotros tememos que en su proyectada visita a Cumaná (ciudad capital del estado), se presenten desórdenes...*

CAP me interrumpió:

—*No se preocupe Ortiz. Contra mí nadie va a protestar.*

Lo patético es que, como ya dijimos, hacia solo un par de meses de los tumultos de abril.

XVI

EL MARISCAL SUCRE SIN RENCORES

El cumanés Antonio José de Sucre fue quizás la figura juvenil más destacada del proceso de la independencia suramericana (de la monarquía española). Cuando murió en un atentado criminal, en 1830, a los 35 años de su edad, ya había sido:

General del ejército libertador antes de cumplir los 30 años.

Negociador por la parte patriota, del armisticio y regularización de la guerra, con el comandante general realista Pablo Morillo.

Designado por el libertador Bolívar oficial a la cabeza de la Campaña del Sur (para liberar a Ecuador, Perú y Bolivia).

Comandante del ejército de la Gran Colombia que en la batalla de Pichincha (1822), consiguió la independencia de Ecuador.

Comandante del victorioso ejército de la Gran Colombia, que en el campo de Ayacucho (diciembre de 1824), selló la emancipación definitiva de la América del Sur.

Primer Presidente de Bolivia (cumplió durante dos años una gestión pacifista y tolerante, orientada a la estabilización del país).

Presidente del congreso Admirable que intentó infructuosamente impedir sin violencia la disolución de la Gran Colombia.

Pero lo más laudable del Gran Mariscal de Ayacucho, fue su irrenunciable amor al prójimo y esa capacidad de no guardar rencores, que le permitió tratar compasivamente a sus enemigos derrotados en batalla, y respetar los derechos de sus adversarios políticos.

Por eso, cuando lo asesinaron en 1830, Simón Bolívar lo llamó el **«Abel de Colombia»**.

XVII
ALMIRANTE BOLIVIANO Y HUGO CHAVEZ

Entre 1879 y 1884 se suscitó un conflicto fratricida entre Bolivia, Chile y Perú, por motivos de precisiones fronterizas e intereses comerciales y mineros. Es lo que se conoce como la **Guerra del Pacífico**.

Chile, ganador de la guerra, **le arrebató 400 kilómetros de costa a Bolivia**, en el Departamento del Litoral, el llamado desierto Tarapacá; de ese modo Bolivia no solo se convirtió en una nación sin salida al mar, sino que además perdió la ciudad de Antofagasta y las poblaciones de Tocopillia, Mejillones, Cobija y Calama.

Posteriormente se incumplió un Tratado que le concedía a Bolivia ventajas aduaneras para comerciar en el puerto chileno de Arica. En estos tiempos sigue sin resolver el diferendo para que los bolivianos puedan recuperar una salida marina propia.

Sin embargo, Bolivia ha insistido en desarrollar una Armada que patrulle sus ríos navegables y este lista cuando pueda hacerlo en el Océano Pacífico. Entre los años 2005 y 2006, el Comandante General de ese cuerpo militar de marina (y del conjunto de las Fuerzas Armadas bolivianas), fue el almirante camba (nativo de la provincia de Santa Cruz), **Marco Antonio Justiniano**.

Este almirante hizo sus estudios de marinería militar en la Academia argentina, por eso recibió sus galones de oficial de manos del presidente para la época, Juan Domingo Perón. Y su primer viaje como teniente lo hizo en la fragata «Libertad», buque insignia de la Armada de Argentina. En el exilio de ambos en Miami, he trabado amistad con el almirante Justiniano. He podido comprobar que es un hombre serio, decente, laborioso y confiable. Un militar de fuerte vocación y compromiso (además los dos somos hinchas del Real Madrid).

En una las periódicas conversaciones entre los amigos Héctor Salazar, Mario Bruno, Abel Ibarra, Luis Vega Urbina (+), Guillermo Montero, Sydney Albrecht, Augusto Maldonado, Jorge Matute Ortiz, Guido Chelelo Añez, y Jaime Flórez, el marinero Marco Justiniano nos contó el comienzo de la desgracia que lo llevo al destierro:

—Estábamos en un acto del Palacio de Gobierno en La Paz, los presidentes de Bolivia Evo Morales, de Venezuela Hugo Chávez y yo, cuando el venezolano me dijo que *«cuidara y fuera leal al indio»* (se refería al mestizo Evo Morales). Yo le respondí:

—*Señor presidente, la Fuerzas Armadas son leales a la Constitución de la República...*

Después de eso, por recomendación de Chávez y del embajador de Cuba, el almirante Justiniano fue separado de su cargo; y de inmediato, con la complicidad de jueces sumisos, se le inventó un absurdo delito para llevarlo a prisión.

Marco Antonio Justiniano pudo escapar de las garras del dictador Evo Morales y ahora es mi vecino de exilio, en Pembroke Pines, Florida, Estados Unidos.

XVIII

CERVANTES: ¡LA MAS ALTA OCASIÓN!

De acuerdo al polígrafo venezolano Arturo Uslar Pietri, la literatura universal tiene cuatro personajes emblemáticos:

El **Hamlet** de Shakespeare, el **Fausto** de Goethe, el **Don Juan** de Tirso de Molina (Fray Gabriel Téllez) y el **Quijote**, de Miguel de Cervantes Saavedra.

Cervantes fue un genio que llevó una vida andariega, aventurera, pecadora y llena de sobresaltos. En España fue prisionero y en Argelia esclavo. Escribió bajo el acoso del hambre y la envidia e incomprensión de sus contemporáneos. Incluso no se le permitió emigrar a las Indias (América), porque se le consideraba persona de mal proceder. Sin embargo a través de su inmortal creación, el Quijote, se pronunció por la tolerancia a las ideas ajenas:

«Sancho, lo que a ti te parece bacía de barbero, a mi me parece yelmo de Mambrino y a otro, le parecerá otra cosa».

Y por el derecho a ser libre:

«La libertad, Sancho, es uno de los más preciosos dones que a los hombres dieron los cielos; con ella no pueden compararse los tesoros que encierra la tierra ni el mar encubre; por la libertad así como por la honra se puede y debe aventurar la vida, y, por el contrario, el cautiverio es el mayor mal que puede venir a los hombres».

Grandes escritores como William Faulkner y Mario Vargas Llosa han insistido en la lectura y relectura de «El ingenioso hidalgo don Quijote de la Mancha»; Jorge Luis Borges llegó a calificar al personaje de *«Semidios de nuestra conciencia»*.

Cervantes fue llamado el «Manco de Lepanto» porque perdió el uso de una mano en la famosa batalla de Lepanto, entre la Armada turca y la cristiana bajo el comando de Juan de Austria, hijo de Carlos I y medio hermano de Felipe II, de España.

Gracias a la victoria de la flota cristiana, se frenó la agresiva expansión turca por el Mediterráneo y sus alrededores. Cervantes valoró tanto su participación en ese episodio de armas, que lo bautizo como *«la más alta ocasión que conocieron los siglos»*.

XIX

ANDREA DE LEDESMA QUIJOTESCO

No falta quien especule que, durante su tránsito en Sevilla, después del cautiverio en Argel, Miguel de Cervantes haya oído contar la quijotesca hazaña de Alonso Andrea de Ledesma y, que de alguna manera, eso le haya servido también de inspiración para su personaje inmortal: Alonso Quijano, Don Quijote.

El caballero andante Ledesma (1537-1595), salió de España, vía Santo Domingo, para entrar por Coro a Venezuela y convertirse en figura principal de la conquista de ese rincón dorado del norte de la América del Sur.

En territorio venezolano participó en las fundaciones de El Tocuyo, Trujillo, Caraballeda y acompañó a Diego de Losada en la fundación en 1567, de la hoy capital del país, Santiago de León de Caracas (donde ofició como regidor, procurador y hasta alcalde).

Ya antes había tenido fiero protagonismo en las acciones de guerra contra los indios caracas, teques, tarmas y mariches, liderados por el heroico cacique Guaicaipuro; y en el combate y muerte del aguerrido vasco Lope de Aguirre, el Tirano.

Ya en el ocaso de su vida, en 1595, se produjo la invasión de Caracas por el pirata inglés Amyas Preston, de la flota de Walter Raleigh. Al tener noticia del ataque, el gobernador de la ciudad, Garcí González de Silva (Don Gonzalito), con su capa roja, salió al encuentro de los invasores en el camino que conectaba a Caracas con el puerto de La Guaira.

Pero la traición de un tal Villalpando, le permitió a Preston entrar a Caracas por una ruta indígena alterna. Al enterarse el anciano Andrea de Ledesma que el pirata estaba por llegar a la ciudad indefensa, decidió salir a enfrentarlo.

Así, en su flaco corcel, viejas armadura, yelmo, escudo y adarga, en solitario les plantó combate a los ingleses. Luchó con denuedo hasta que un tiro de arcabuz le quito la vida.

Impresionado Amyas Preston por el arrojo del caraqueño Ledesma, ordenó a su tropa que le rindieran homenaje y lo condujeran sobre su antiguo escudo, hasta Caracas, villa de la cual fue su primer inolvidable defensor.

XX

CARLOS GARDEL PROTECTOR DE ASTOR PIAZZOLA Y FRANK SINATRA

El tango argentino es el género musical hispanoamericano que primero alcanzó proyección planetaria.

Tuvo durante el siglo veinte, entre otros exponentes flamantes a: Anibal Troilo, Juan de Dios Filiberto, Alfredo Lepera, Cátulo Castillo, Libertad Lamarque, el «polaco» Goyeneche, Gabriela Torres, Enrique Santos Discépolo (Discepolín), Amelita Baltar, Hugo del Carril, Julio Sosa, la tana Rinaldi y así, hasta su excelso renovador Astor Piazzola.

Pero la quintaesencia de los intérpretes de tango fue el llamado «Morocho del Abasto», «Zorzal criollo» o cariñosamente «el Mudo», **Carlos Gardel** (1890-1935).

Tal fue su éxito en París, Estados Unidos y Latinoamérica; y la popularidad y traducción de sus canciones por los cuatro puntos cardinales del orbe, que en 1934 lo encontramos en Nueva York, donde triunfó en la radio, protagonizó varias películas y pudo influir en el inicio de las carreras de otros dos superestrellas: **Astor Piazzola y Francesco Albertino Sinatra Garavante (Frank Sinatra).**

Piazzola, con apenas 14 años, le sirvió de traductor y cicerone, lo acompañó con el bandoneón en presentaciones y participó como actor de reparto en su filme: *«El día que me quieras»*.

Se cuenta que Gardel quiso llevarse al niño Piazzola para tocar el bandoneón en su gira por América Latina. Los padres de Piazzola se opusieron por ser todavía un niño y sin imaginarlo, le salvaron la vida, ya que como se sabe, el «Zorzal criollo» murió en esa gira, en 1935, en un accidente de aviación en Medellín, Colombia.

Por su parte hay quien sostiene que Frank Sinatra, a sus 19 años, era un entusiasta admirador del barítono Gardel. Con su novia Nancy

Barbato tuvo una conversación con el astro argentino, después de un concierto de este en la emisora NBC Radio, de Nueva York.

En ese concierto, poniendo a su propia vida como ejemplo, Gardel le aconsejó a Sinatra que se alejara de las malas juntas con pandilleros y se concentrara en el canto. Incluso le recomendó que se inscribiera en el concurso de búsqueda de nuevos valores de la canción, de la NBC.

El joven se inscribió, ganó el concurso y de ese modo comenzó su rutilante carrera. Por eso se cuenta que décadas más tarde, en 1981, antes de un concierto en el Luna Park de Buenos Aires, Sinatra («La Voz»), fue hasta donde estuvo el Café O´Rondeman, donde Gardel tuvo sus primeras actuaciones y musitó:

—***Thank you, mister Gardel for saving my life*** (Gracias señor Gardel, por salvar mi vida).

XXI

ANDRES BELLO MAESTRO DE BOLIVAR

Bolívar, San Martín, Sucre, O´Higgins, Martí, Santander, Hidalgo, Juárez, Morazán, Nariño...Fueron los libertadores políticos y militares del Nuevo mundo americano. Pero de acuerdo al catedrático ítalo-venezolano Edoardo Crema, el *«Libertador artístico de América»,* fue el polígrafo caraqueño Andrés Bello (1781-1865).

Bello fue un intelectual diverso: Pedagogo, poeta, ensayista, gramático, filólogo, filósofo, jurista, legislador, periodista y políglota.

Su máxima tarea existencial fue el propósito de adaptar la lengua castellana a las peculiaridades y necesidades de los hispanoamericanos.

Ejerció su magisterio en Venezuela hasta que en 1810, fue enviado a Londres, junto a Simón Bolívar y López Méndez, a gestionar el reconocimiento de la corona británica, al gobierno independentista activo en Caracas.

Bello permaneció un largo período en Londres, donde en medio de privaciones a veces extremas, estudió y enseñó con vocación y compromiso. En aquel lugar además, vivió pendiente de la emancipación de nuestro continente.

La tercera y muy provechosa etapa de la vida de Andrés Bello, la recorrió en Chile, donde desplegó hasta su muerte una intensa actividad académica y legislativa.

Mucho se ha intrigado sobre una posible rivalidad entre Bello y Simón Bolívar. El propio libertador se encargó de despejar dudas, al reconocer a Bello como su maestro.

Y lo curioso es que Bello, que nació en 1781, era apenas dos años mayor que Bolívar (1783).

XXII

JOSÉ MARTÍ EN CARACAS

La vida del ensayista y literato (precursor del Modernismo poético de Darío) y Apóstol de la Libertad de Cuba, José Martí, fue más breve que un suspiro.

En 43 años de existencia (1853-95) este cubano padeció prisiones y paseó su magisterio, creatividad literaria y liderazgo en la lucha de independencia de su país, por España, Nueva York, México, Guatemala, Santo Domingo, Venezuela y desde luego Cuba, donde nació y murió.

A Venezuela llegó en 1881 y se cuenta que, antes de alojarse en la posada dispuesta para él, fue a la Plaza Bolívar a rendirle homenaje al libertador del mediodía de América, del cual era devoto.

En Caracas deslumbró a la intelectualidad local, fascinada por su itinerario vital cosmopolita y atrevido, amén de su compromiso en los afanes de completar la emancipación americana, mediante el logro definitivo de la independencia de Cuba, junto con Puerto Rico, últimas colonias españolas en el Nuevo Mundo.

Hizo intensa amistad con el ilustre jurista y catedrático venezolano Cecilio Acosta. A la muerte de este le hizo un Elogio Fúnebre que irritó al tirano de turno en Venezuela, Antonio Guzmán Blanco, quien al no lograr seducirlo para añadirlo al coro de sus adulantes, lo deportó a Nueva York.

En tal ciudad continuó la lucha libertaria y hasta fue designado temporalmente cónsul de Uruguay, Argentina y Paraguay. Allí se relacionó con los hombres de la resistencia democrática de todo el continente.

En 1895 lo encontramos postreramente en Cuba. En alianza con los próceres Antonio Maceo y Máximo Gómez, entra en batalla contra las tropas españolas en el sitio de Dos Ríos, donde muere de cara al sol, como el héroe que fue en vida y lo es para la posteridad.

Cubanos tan eminentes como el novelista Guillermo Cabrera Infante, deploraron ese sacrificio guerrero de Martí. Pensaron que el liderazgo de un civilista como él, hubiera sido clave en los inicios del desempeño de la Cuba libre.

Quiero cerrar esta curiosidad histórica, diciéndoles a los lectores que yo, como originario de un pueblo de montaña (Caripe) del oriente de Venezuela, entre los «Versos Sencillos» del apóstol Martí, mi favorito será siempre este:

«Con los pobres de la tierra / quiero yo mi suerte echar, / el arroyo de la sierra, / me complace más que el mar».

XXIII

GOYA Y CAYETANA DE ALBA

Mi hermano mayor Aquiles José, que de artes plásticas entiende bastante, me dijo una vez, cuando le informé que por primera vez visitaría el Museo del Prado de Madrid:
—*Dedícale un buen tiempo a la sección de Goya, él fue, de alguna manera, pionero de casi todo lo que vino después en la pintura.*

Y para hacer el asunto más familiar, con mi hija Gabriela María Margarita, pasé una tarde entera viendo cuadro por cuadro, las obras diversas del portentoso Don Francisco de Paula José Goya y Lucientes (Fuendetodos, España 1746-Burdeos, Francia 1828).

Después nos fuimos mi hija y yo a completar el recorrido heroico de los madrileños, alzados el 2 de mayo de 1808 contra el invasor Gran Ejército francés (*La Grande Armée*) de Napoleón Bonaparte; para narrar con magistrales detalles esos sucesos, escribió Arturo Pérez Reverte una novela irrepetible: *«Un día de cólera».*

Precisamente, para denunciar con su genio pictórico y patriota, la criminal reacción represiva de los franceses contra los ciudadanos de Madrid que lucharon por su independencia, Goya pintó uno de sus cuadros de mayor trascendencia en la posteridad: *«Los fusilamientos del 3 de mayo».*

Goya como pintor de la familia real y de todas las manifestaciones, oscuras o esplendentes, de la España de sus días, atrapada en olores de decadencia, sufrió persecución del Santo Oficio (la Inquisición) y terminó su vida en el destierro.

Pero también se recuerda a Francisco de Goya por su relación con una mujer, bella, atrevida, arrogante, sensual, adelantada a su tiempo, Doña María del Pilar Teresa Cayetana de Silva Alvarez de Toledo, la décimo tercera Duquesa de Alba.

La Duquesa fue la modelo íntima de algunas de las obras más famosas de Goya, entre otras: las majas *Vestida* y *Desnuda*. Precisamente ella, amada por el pueblo llano y maltratada por la envidia de los aristócratas, es reconocida como la ***«Dama más maja»*** de su tiempo.

XXIV

ANDRÉS ELOY BLANCO: HUMANISTA Y HUMORISTA

Andrés Eloy Blanco, conocido como «**el poeta del pueblo venezolano**», se definió a sí mismo como *«un poeta prestado a la política»*.

Nació en Cumaná (1896), la primera ciudad fundada en la zona continental (Tierra Firme) americana. Y murió en el exilio en Cuernavaca, México, en 1955.

Fue además cuentista, dramaturgo, biógrafo, orador, concejal, parlamentario (presidente de la Asamblea Constituyente que en 1947 democratizó a Venezuela), ministro (de Relaciones Exteriores del gobierno democrático de otro ilustre escritor: Rómulo Gallegos); y uno de los humoristas más creativos y salerosos de la historia venezolana (continuador de los grandes Leoncio Martínez (Leo) y Francisco Pimentel (Job Pim).

Como tal estuvo en la creación y despliegue del «**Morrocoy Azul**», publicación donde compartió páginas con algunos de los más excelsos humoristas de su tiempo: Aquiles Nazoa, Kotepa Delgado, Miguel Otero Silva, Gabriel Bracho Montiel…

El humor criollo refinado, espontáneo y pícaro de Andrés Eloy, se puede mostrar en algunas anécdotas:

Cuando un amigo le pidió que describiera al esbirro que puso la dictadura a vigilarlo, durante su confinamiento en Timotes, Andes venezolanos, dijo:

—*No sé el nombre, ni tiene placa, pero en lo físico es semicalvo, pelicano, mal encarado, cejijunto, barbilampiño y huesipegado.*

En la Asamblea Constituyente, al observar un joven de color negro que celebraba con entusiasmo al líder copeyano (social cristiano), Rafael Caldera, a quien en el año 1947 lo tildaban de conservador, Andrés Eloy puso a rodar una coplita:

«Las cosas que no son de ley / siempre resultan un fiasco, / mujer orinando en frasco / y negro inscrito en Copei».

Y cuando como presidente de esa Asamblea le tocó recibir el Informe Anual del Ministro de Educación, el gran maestro Luis Beltrán Prieto Figueroa, que no era muy agraciado físicamente, el poeta comentó sin percatarse que sus palabras se oyeron por el micrófono:

—*¡Carajo, se puede ser feo, pero Prieto abusa!*

Entre sus importantes logros internacionales estuvo que con su *«Canto a España»*, ganó en 1923 el concurso de poesía convocado por la Real Academia de la Lengua Española (RAE).

XXV

LOS CUADERNOS DE PERICLES Y LA PEÑA DE ASPASIA DE MILETO.

Para muchos las edades no han conocido un estadista del brillo y logros de Pericles, hijo de Jantipo, quien gobernó a la luminosa Atenas en la quinta centuria anterior a N. S. Jesucristo, llamado por cierto el *Siglo de Pericles*.

A su lado tuvo a una amante portentosa, libre, culta y sensual, Aspasia de Mileto, una de las remotas precursoras de la liberación de la mujer, que por fin se alcanza en nuestros tiempos.

Pericles estuvo como *estratega* al mando de la Atenas griega en su momento de mayor esplendor. Como potencia política y cultural, su influencia trascendió los siglos y apenas pueden comparársele las antiguas Persépolis, Alejandría, Roma latina de occidente, la Roma griega de oriente (Constantinopla), Córdoba medieval y las más recientes Madrid, San Petersburgo, Londres, París y Nueva York.

Pericles tenía la pasión del *areté* (virtudes humanas superiores) y la *eleuteria* (libertad asociada a la dignidad del hombre). No sólo protegió a la cultura y los artistas, embelleció a la ciudad con construcciones magníficas que, de paso, para su construcción daban empleo a los de abajo; y como si fuera poco fortaleció la flota de guerra ateniense, en tanto factor defensivo y de apoyo de la expansión comercial.

Pero el Pericles sabio y justiciero, también fue un político pragmático que en un disimulado *cuaderno* anotaba las acciones de sus contendores, además de sus fortalezas y debilidades.

A su alrededor y de su amada Aspasia, circulaban los genios Fidias, Ictino, Anaxágoras, Eurípides, Sófocles, Esquilo y el Sócrates que no pudo salvar de la intolerancia.

Aspasia había sido educada en su ciudad (Mileto, Asia Menor, hoy Anatolia de Turquía), como hetaira o cortesana, pero además de habilidades eróticas, aprendió filosofía, artes plásticas y retórica.

Y si de elocuencia se trata, Pericles es considerado uno de los grandes oradores de la historia. Porque para liderar una sociedad democrática como la ateniense, el dominio de la palabra era clave. Después de todo la **Democracia consiste en convencer y evitar imponer.**

Para tener una idea de lo magistral que fue Pericles en sus discursos, es útil y grato leer su *«Oración por los muertos en la Guerra del Peloponeso»*.

XXVI

GUAICAIPURO: ESTADISTAS, GUERREROS Y MÁRTIRES

Así como entre los americanos del norte un símbolo de la resistencia a la conquista española fue el azteca **Cuauhtemoc** (*pequeño Coyote*), entre los del sur podría serlo el cacique caribe **Guaicaipuro** (*espina caliente o púa ardiente*).

Guaicaipuro, primer estadista y estratega venezolano precolombino del norte de la América del Sur, fue el cacique de los indios Teques y Caracas y, para encarar a los conquistadores, logró una alianza con las tribus vecinas: araguas, mariches, tarmas, chaimas y otras diseminadas por el centro, norte y oriente de Venezuela.

El líder caribe Guaicaipuro fue en verdad una *espina caliente* en el talón de los guerreros españoles y sus comandantes. No aceptó los llamados a sucumbir de los extranjeros y mantuvo en jaque a las tropas invasoras hasta que, víctima de una traición, murió quemado en su choza mientras dormía.

Fue sustituido en el mando por su hijo Baruta, pero ya no fue lo mismo. Los hombres de Diego de Losada tomaron el control del territorio y en 1567, fundaron la ciudad de **Santiago de León de Caracas.**

Otros caciques que resistieron con denuedo y heroísmo a la presencia europea fueron Tamanaco (mariches), Cayaurima (cumanagotos), Tiuna, Caruao, Yare, Maracay, Naiguatá, Pariata, Paramaconi, Urimare, Guaicamacuto, Murachí…

Como se puede observar, muchos nombres indígenas han quedado como topónimos de ciudades venezolanas actuales, verbigracia: Caracas, Los Teques, Baruta, Maracay, Cumaná, Maracaibo, Tumeremo…

XXVII

EL TIRANO AGUIRRE Y LA AREPA

El primer conquistador español sublevado contra el Rey hispano, fue el vasco de Oñate, Lope de Aguirre, conocido por la posteridad como *«El Tirano»* (aunque él mismo firmó como *«Traidor»*, el acta de desconocimiento de la autoridad de la corona).

Algunos, como el polígrafo Arturo Uslar Pietri presentan a Aguirre, por homicida y sedicioso, como un personaje maligno, aunque reconoce que se trata de una gran figura de la conquista.

Otros, como el escritor Miguel Otero Silva, le otorgan cierto mérito como precursor de la independencia americana y, por eso, una de sus novelas se llama: *«Aguirre, príncipe de la libertad»*.

Este aventurero llegó con unos 55 años a las Indias (viejo para la época) y se afanó en trabajos mediocres (apenas destacó como jinete y domador de caballos), hasta que en 1559 se incorporó a la entrada en busca del mítico Dorado, capitaneada por don Pedro de Ursúa.

En verdad Aguirre no estaba entusiasmado por llegar a la imposible ciudad dorada de los omaguas, sino en tomar el control de la expedición para regresar a Lima, con miras a apoderarse del Virreinato de Perú, para él el verdadero Dorado.

Por eso intrigó para tener el respaldo de los hombres de Pedro de Ursúa y poder tomar el mando de la operación. Entonces asesinó a Ursúa (y a su «barragana» Inés de Atienza) e hizo el desafío que le abrió un espacio en la historia:

Desconoció la autoridad imperial de Felipe II y proclamó como de rey de esas tierras indianas, al joven andaluz Fernando de Guzmán, uno de sus marañones (los llamaba así por el río Marañón o después Amazonas). De ese modo comenzó su nueva vida de proscrito y perseguido.

Por el Amazonas salió al mar con la idea de recalar en la isla de Margarita (Venezuela), seguir a Panamá y armar una flota para alcanzar el Pacífico, e invadir Perú por El Callao y hacerse dueño del Virreinato.

Tuvo que permanecer en Margarita, a la cual tiranizó, hasta que fue expulsado por los lugareños. De sus pasos finales en territorio venezolano, podemos rescatar dos anécdotas:

Cuando abandonaba la isla insultó a los margariteños llamándolos *«esos comedores de arepas»*.

Y solitario y derrotado, unos minutos antes de morir por disparos de sus enemigos, le dijo a su hija amada Elvira antes de ultimarla:

—*¡Encomiéndate a la Virgen porque te voy a matar para que no termines tu vida como «colchón de bellacos».*

Para tener una idea de la desmesurada aventura del Tirano Aguirre, vale la pena ver el filme del realizador alemán Werner Herzog, con Klaus Kinski como protagonista: *«Aguirre, la ira de Dios»*.

XXVIII

SOR JUANA INES DE LA CRUZ: *¡YO, LA PEOR DEL MUNDO!*

«*No es fácil estudiarla sin enamorarse de ella*», aseguró el excelso hispanista mexicano Alfonso Reyes.

Con estas palabras proclama a Juana de Asbaje y Ramírez de Santillana, celebrada para siempre con el nombre de Sor Juana Inés de la Cruz (1648 o 51-1695).

La más alta expresión en la América colonial de la literatura del Siglo de Oro español, fue esta monja mexicana católica, erudita, poetisa y filósofa, de inspiración volcánica como el Popocatepelt, que se alza cerca de su pueblo natal: San Miguel de Nepantla.

Cuando las mujeres que aspiraban a ser cultas eran descalificadas con el peyorativo de «marisabidillas», porque el inexorable destino de las damas era el matrimonio o el claustro religioso, Sor Juana, como su modelo Santa Teresa de Avila, por amante del saber, renunció a la opacidad de la vida doméstica.

Ella fue a un tiempo transgresora, polemista, educadora y recia precursora de la liberación y el protagonismo de las mujeres.

Es célebre su controversia con un obispo reaccionario que para responder las ideas avanzadas de la monja Sor Juana en su «Carta Athenagórica», se ocultó bajo el seudónimo de Sor Filotea de la Cruz.

De herencia vasca por el padre y andaluza por la madre, la monja sabia Sor Juana, aunque hija ilegítima, recibió protección de las esposas de los virreyes de México y de sus hermanas de convento, afecto y celos.

Nunca se amilanó frente a las agresiones machistas y las tentativas de cercarla intelectualmente. Su respuesta fue una frase cargada de sabiduría: «*No hay cosa más libre que el entendimiento humano*».

Llamada la «Décima musa» y el «Fénix de México», ya en 1689 le publican su primer poemario en México. Su compromiso de mujer adelantada y cultísima, lo despliega en versos trascendentes:

«Yo no espero tesoros / ni riquezas, / y así, siempre me causa más / contento / poner riquezas en mi / entendimiento / que no entendimiento en / las riquezas».

«Hombres necios que acusáis / a la mujer sin razón, / sin ver que sois la ocasión / de lo mismo que culpáis».

«¿Cuál es de más culpar, / aunque cualquiera mal haga: la que peca por la paga, / o el que paga por pecar?».

Entre los estudiosos que se ocuparon de la vida deslumbrante de Sor Juana Inés de la Cruz, están el escritor colombiano Germán Arciniegas y el premio Nóbel mexicano, Octavio Paz.

Sor Juana que al decir de Octavio Paz habitó la casa del lenguaje y las ideas, y sobrevivió sola en el bullicio mundano, en sus días postreros, abatida por el machismo de su tiempo y la incomprensión de la burocracia eclesiástica, dejó estas palabras como testamento:

«Yo, la peor del mundo».

XXIX

EL SUEÑO DE MARTIN LUTHER KING

En los albores de la década de los setenta del siglo pasado en Argel, la capital de Argelia, entrevisté con el apoyo de Victoria Craig, Michel Erlich y Rafael Benjamín Blanchard, al líder del partido norteamericano de los Panteras Negras (*Black Panther Party*), **Elridge Cleaver** y le pregunté por **Martin Luther King**, me respondió:

—*Respetamos al doctor King. Pero lamentablemente está equivocado. Sin violencia no lograremos los negros nuestros derechos en Babilonia (Estados Unidos).*

El tiempo, que es inapelable, demostró que el pastor Bautista y doctor en teología, nacido en Atlanta, Georgia en 1929 y asesinado en Memphis, Tennessee, en 1968, Martin Luther King junior, tenía razón en liderar la lucha pacifista por los derechos humanos, que aprendió de figuras civiles como Mahatma Gandhi, David Thoreau y Abraham Lincoln.

Su ideario lo resume así:

«Cada persona debe decidir si caminará en la luz del altruismo creativo, o la oscuridad del egoísmo destructivo. Ese es el buen juicio.

La pregunta vital más persistente y urgente es: «¿Qué estás haciendo tú por los otros?».

El momento de máximo esplendor del doctor King lo vivió en 1963, cuando marchó sobre Washington al frente de 200 mil ciudadanos de todos los colores y, ante el monumento a Lincoln, pronunció su inolvidable discurso libertario: *«I have a dream»* (Yo tengo un sueño).

Entre 1964 y 65, durante la presidencia de Lyndon Johnson, los derechos plenos de los afroamericanos fueron consagrados por el Congreso de Los Estados Unidos, como un logro de la tenacidad y compromiso pacifista de King y sus compañeros.

En la víspera de recibir los balazos fatales de su asesino, el doctor King le dijo a sus acompañantes:

—*Tal vez yo no llegue a la Tierra Prometida con ustedes, pero quiero que sepan esta noche, que llegaremos como pueblo.*

XXX

BENITO JUÁREZ PLATICADOR

Uno de los grandes próceres hispanoamericanos fue el indio zapoteca, Benito Pablo Juárez García (1806-1872), quien ejerció por casi dos décadas la Presidencia de México (1858-1872).

Este hombre que se alzó, por voluntarioso y tenaz, desde la extrema pobreza hasta la notoriedad histórica, fue un político, jurista, educador y, por encima de todo, un estadista competente y honrado.

En su estado natal le tocó ser regidor (concejal), juez de primera instancia, diputado y gobernador. Antes de ascender al mando de la república, ocupó la Presidencia de la Corte Suprema de Justicia.

Sus detractores le critican el continuismo en el poder, pero no pueden dejar de reconocerle su esfuerzo por consolidar un estado laico y federal, jerarquizar la educación ciudadana, los logros en desarrollo de la infraestructura pública y el saneamiento de la economía.

Pero donde se mostró como mexicano de proyección planetaria, fue en el liderazgo de su país para derrotar la odiosa invasión de las tropas del emperador francés, Napoleón III, empeñado en imponer un emperador europeo en México, el desventurado Maximiliano de Austria.

Reconocido como el **Benemérito de las Américas**, Juárez formuló la más precisa y perdurable definición de la paz:

«Entre los individuos, como entre las naciones, el respeto al derecho ajeno es la paz».

Pero un detalle muy interesante de su vida es que, como líder popular, era un gran conversador. Le complacía *platicar (*como dicen los mexicanos), sobre todo con la gente humilde.

Nos place a nosotros también destacar esa virtud, porque hoy en día los líderes han renunciado a la conversación como manifestación de lo humano, para instalarse en el confort opaco de lo mediático y digital.

XXXI

CLEOPATRA, LA TAYLOR Y LA CULEBRA

Cleopatra Filopator Nea Thea, hija de Ptolomeo Soter, fue la VII con ese nombre y reinó en Egipto en la continuación de la dinastía macedónica que impuso a su muerte en tierras del Nilo, Alejandro el Grande.

Esta mujer astuta, sensual y ambiciosa, fue en vida un incordio para la dominación romana. Su propósito existencial manifiesto era convertir a Egipto en un poderoso imperio, asociado o no con el de Roma.

Su inteligencia política y capacidad de seducción femenina, hizo que con sutileza pudiera valerse del romance con Cayo Julio César para favorecer a Egipto; y con mayor descaro controlar a Marco Antonio para buscar los mismos objetivos imperiales.

Ella reinó desde la capital egipcia de su tiempo, Alejandría, ciudad fundada en honor de Alejandro Magno, en la cual predominaban la lengua y cultura griegas.

Vivió entre los años 6 y 30 antes de Cristo. Aprovechó las discordias entre los romanos: entre César y Pompeyo, entre aquel y el Senado; y, entre Octavio (Augusto) y Marco Antonio, para la tentativa de salvación de su mando destinado a la desaparición.

Se especula sobre su belleza y los vericuetos de su suicidio. Algunos dicen que no era tan bella y que, siendo egipcia, no podía ser representada en el cine por una occidental hermosa como Elizabeth Taylor.

La verdad es que ella no tenía una gota de sangre egipcia. Como quedó dicho, era una griega macedónica y no es imposible que además de hábil seductora, haya sido una mujer bonita según los cánones de Occidente.

Y en lo que atañe a su muerte, cada vez se cuestiona más que haya sido por mordedura de una pequeña serpiente, mientras que tiene más lógica que el suicidio fue con un veneno preparado por ella misma, que era entendida en esos saberes tóxicos.

XXXII

GAITÁN: ¡EL ALMA DE LA REVUELTA!

Aun colombiano de la primera mitad del siglo XX muchos lo reconocen y, no parecen andar extraviados, como uno de los grandes oradores de la historia. A la altura de Nestor (el de «La Ilíada»), los otros griegos Pericles y Demóstenes, el latino Cicerón, el galo Dantón, el norteamericano Lincoln y los hispanos Bolívar, Martí, Velasco Ibarra...

Se trata de aquel que se atrevió a decir en una plaza pública:

—*En mi tierra me dicen el capitán, sí. Porque soy capitán de multitudes y el alma de la revuelta.*

Jorge Eliecer Gaitán Ayala (enero de 1903 - 9 de abril de 1948), impresiona por haber vivido tanto en tan corta vida:

Político, jurista, escritor, profesor y rector universitario, este hechicero de la palabra estudió en la Universidad Nacional de Bogotá y en la Sapienza de Roma y como servidor público fue Alcalde de Bogotá, ministro del Trabajo y de Educación, presidente de la Cámara de Diputados del Congreso Nacional, amén de líder principalísimo de los liberales colombianos.

En el debate parlamentario sobre la *«Matanza de las Bananeras»*, perpetrada por la United Fruit Company (y aludida por García Márquez en «Cien años de Soledad»), Gaitán brilló con justiciero esplendor.

Lo influyó el estilo retórico, fustigante e hiperbólico del Duce Italiano Benito Mussolini:

—*Si avanzo síganme. Si retrocedo mátenme. Si me matan vénguenme...*

Sus discursos emocionantes y hasta participativos («!A la carga!»), fascinaban a las muchedumbres hasta el paroxismo. Su íntima comunicación con los jóvenes, los plebeyos y la clase media, lo perfilaban como seguro presidente de la alborotada Colombia en las elecciones previstas para 1950.

Pero llegó un siniestro 8 de abril de 1948:

Ese día Gaitán salió de su oficina bogotana para almorzar con su amigo Plinio Mendoza Neira. Su intención era regresar después para atender a los que les había concedido audiencias, entre otros a jóvenes extranjeros visitantes como Rómulo Betancourt y Fidel Castro...

Al intentar acceder al restaurant, un oscuro sujeto de apellido Roa, no se sabe si espontáneo o sicario contratado, disparó varias veces sobre el hombre que encarnaba las esperanzas de las mayorías, provocándole el ingreso a la inmortalidad, y al pueblo colombiano una indignación desenfrenada.

Así comenzó el período aún inconcluso de **la violencia** en Colombia, que lleva arrastrados cientos de miles de muertos. Con el tiempo los reconocimientos a este maestro de la persuasión crecen. Y es que como él mismo lo dijo:

—*Yo no soy un hombre, soy un pueblo.*

XXXIII

FERMÍN TORO PARLAMENTARIO DE LUJO

Muchos de los próceres de los procesos independentistas latinoamericanos le cobraron carísimo a las repúblicas, los servicios prestados en las guerras.

Tal fue el caso del general José Tadeo Monagas, importante factor en el ejército libertador y después caudillo hegemónico de la Venezuela republicana, entre 1847 y 1864.

El 24 de enero de 1848, ya Monagas, como presidente dictatorial de Venezuela, por no poder maniatarlo, ordena el asalto al Congreso Nacional. En esa masacre ominosa mueren varios diputados, entre ellos el más ilustre hacendista venezolano del siglo 19, Santos Michelena.

Después del sangriento suceso Monagas presiona a los diputados sobrevivientes para que se reincorporen al Congreso. En tal sentido envía un piquete de soldados a exigirle al congresista Fermín Toro la reincorporación.

Al oficial que en nombre de Monagas intimaba a Fermín Toro a regresar a la sede legislativa, este le respondió:

—*Díganle al general Monagas que mi cadáver lo podrán llevar, pero que Fermín Toro no se prostituye.*

Toro (1807-1865), de origen canario, es reconocido como un orador de vuelo y garra y como el más brillante parlamentario del siglo XIX en Venezuela. Además de político, fue ensayista, docente, diplomático y hombre con estudios de filosofía, matemáticas, botánica y geología.

Sus detractores contemporáneos hicieron circular una pícara mentira:

Que estando en Madrid para solicitar el reconocimiento de la corona española a la independencia de Venezuela, la reina le hizo el honor de bailar con él y Toro, «bailarín torpe», terminó pisando el vestido de la soberana.

XXXIV

DIÓGENES EL PERRO Y ALEJANDRO EL GRANDE

En la actualidad la palabra *cínico* retrata a personas de descaro, inescrupulosas, dobles, sarcásticas, pero se trata de un vocablo griego que significa *perro, canino*.

Con ese nombre se conoce a la escuela filosófica griega fundada por Antístenes y cuyo más alto exponente fue Diógenes (412 a 323 antes de Cristo). Este nació en Sinope, ciudad helénica del Asia Menor (hoy Turquía).

Los cínicos sostenían que la civilización y su abundancia generan males y corrupción humana y, por tanto, es necesario despojarse de todo lo superfluo y entregarse a una vida natural y austera. Incluso se cuenta que observando Diógenes el movimiento de productos en el mercado de la ciudad, exclamó:

—¡*Tantas cosas que yo no necesito!*

Sin embargo la anécdota de Diógenes que más ha trascendido, es sobre su encuentro con el poderoso conquistador griego-macedónico Alejandro Magno. No olvidemos que para asegurarle una educación de élite, el padre de Alejandro, Filipo II, le puso como maestro nada menos que al excelso sabio Aristóteles de Estagira.

Por eso al llegar a Corinto, donde Diógenes el Cínico vivía semi-desnudo en un tonel, rodeado de perros y basura, respetuoso de la sabiduría, Alejandro fue a visitar al excéntrico filósofo y le dijo:

—¿*Dime Diógenes que puedo hacer por ti? ¡Pídeme lo que quieras!*

A lo que el sabio le respondió:

—¡*Qué te hagas a un lado porque me estás tapando el sol!*

También se recogen unas presuntas palabras de Alejandro Magno, después de ese incidente:

—*De no ser yo Alejandro habría deseado ser Diógenes.*

XXXV

MANDELA SE ATREVIÓ A PERDONAR

Modelo de líderes humanistas y amantes de la paz en los tiempos no tan lejanos, han sido el hindú Mahatma Gandhi, el Dalai Lama tibetano, el norteamericano Martin Luther King, el checo Václav Havel y el surafricano Nelson Mandela.

La primera noticia sobre ese gran estadista de Suráfrica, la obtuve en los albores de la década del 70 del siglo pasado, en Argel y Londres, gracias a conversaciones con Johnny Fafanuti Makatini, dirigente del African National Congress (**ANC**), partido del cual Mandela fue en vida la figura máxima.

Él nació en la provincia de Transkei, en la zona oriental de El Cabo, en Africa del Sur, en 1918. Tuvo una infancia de estudio y labor en su tribu, incluso le tocó pastorear ganado. Murió en Johannesburgo en el 2013.

En 1943 se incorporó a las juventudes del African National Congress y participó en protestas contra el oprobioso régimen racista del Apartheid, impuesto por la minoría blanca surafricana.

La represión a las protestas fue muy violenta y por eso Mandela promovió una guerrilla de resistencia. El completó por correspondencia su carrera de abogado. Y en 1964 fue condenado a cadena perpetua (agotó 27 años de vida en la cárcel de la isla de Robben) y eso facilitó el crecimiento de un movimiento mundial a favor de su libertad y contra el Apartheid.

En 1990 gracias a un acuerdo con el mandatario Frederick Willem de Klerk, el 11 de febrero sale en libertad y reasume su trajín político como líder de ANC.

En 1994 se realizan elecciones universales, directas y secretas y la mayoría negra se expresa eligiendo a Mandela presidente de la república.

Como presidente él inicia un intenso y valiente proceso de reconciliación nacional, olvido de las ofensas pasadas y consolidación de la nueva democracia surafricana.

En 1995, Nelson Mandela compartió con Frederick de Klerk, el premio Nóbel de la Paz-

Gracias a su habilidad para sembrar en el pueblo impulsos fraternales y convicción de la necesidad del perdón, se evitaron revanchas y desmanes que seguramente hubieran conducido al país a una sangrienta guerra civil.

Tuvo que lidiar con el recelo de los blancos y los extremistas, incluso los de su partido. Hasta se vio obligado a repudiar los excesos de su propia esposa Winnie y terminó casándose de nuevo con la viuda del ex presidente de Mozambique, Samora Machel.

El compromiso de Nelson Mandela con la convivencia ciudadana, quedó expresado en palabras luminosas de sabiduría:

«*La lucha abarca tanto el racismo hacia la gente de color, como el racismo de estos hacia la población blanca.*

Quiero una sociedad libre y democrática en la cual todos vivan en condiciones de igualdad y oportunidades. ¡Si para conseguirlo debo morir, estoy preparado!».

XXXVI

WHITMAN POETA DE LA DEMOCRACIA

Este caballero se presentó así:

«*Walt Whitman* un cosmos, el hijo de Mannhattan, como, bebo y engendro... / Yo soy la seña de la democracia... / Quienquiera que degrade a otro me degrada a mi... / Oigo cantar a América».

Este poeta sencillo y filosófico a la vez, enamorado de la cotidianidad laboriosa y creativa de sus conciudadanos, enemigo de la esclavitud de seres humanos y de los corsets literarios, transgresor amable, no violento, rebelde con causa y sin miedo, vivió entre 1819 y 1892.

Aprendiz de carpintería y de imprenta, impresor, ensayista, maestro, periodista y sobre todo poeta, fue el vocero de una nueva poesía: vivencial, de tono bíblico, musical de prosa libre, aromática de amor a los jóvenes, los pioneros y la naturaleza americana.

En 1855 publica por primera vez un libro que marca una ruptura con el romanticismo europeo; abre una manera distinta y propia, estadounidense, de hacer poesía: *«Hojas de Hierba»* («Leaves of Grass»).

Este poemario es el único que desarrolla durante su existencia retadora. La primera edición tuvo 12 poemas y la última más de 130. Al aparecer su libro fue acusado de *«indecente»* por los pacatos y los engreídos envidiosos.

Afortunadamente **Ralph Waldo Emerson**, líder intelectual de la América de su tiempo, defendió la obra y estimuló a Whitman. Así comenzó a ser reconocido por sus contemporáneos.

Durante la tragedia de la guerra civil o de secesión entre el norte industrial y libre, versus el sur rural y esclavista, el poeta se comprometió con el esfuerzo libertario que capitaneaba el presidente **Abraham Lincoln**. Incluso trabajó como enfermero voluntario en hospitales de campaña.

Tanta fue su veneración a Lincoln que cuando este fue asesinado en 1865, Whitman le dedicó su mejor poema, he aquí algunos trozos:

«!Oh, capitán, mi capitán! / Nuestro azaroso viaje ha terminado; / El barco capeó los temporales, el premio que buscamos se ha ganado; / Cerca está el puerto, ya oigo las campanas, / Todo el mundo se muestra alborozado, la firme quilla la siguen con sus ojos, el adusto velero tan audaz. /

Pero, ¡oh corazón! ¡corazón! Oh, se derraman gotas rojas en la cubierta donde yace mi capitán, caído, frío y muerto. / ¡Oh, capitán! ¡mi capitán! Levántate y escucha las campanas; levántate -por ti la enseña ondea- Por ti suena el clarín...

¡Escucha capitán! ¡Querido padre! Te pongo el brazo bajo la cabeza; Un sueño debe ser que en la cubierta hayas caído frío y muerto... / ¡Exultad, Oh!, cos tas! Y ¡sonad, oh, campanas! Mas yo, con paso fúnebre recorro la cubierta donde yace mi capitán, caído, frío y muerto».

XXXVI

CARLOS I Y FELIPE II IMPERIALES

Hubo un tiempo en que en el imperio español jamás se escondía el sol. En algún sitio bajo dominio hispano en los cuatro continentes reconocidos, brillaba el sol del mediodía.

Eso fue durante los reinados de Carlos I de España y V de Alemania, emperador del Sacro Imperio Romano Germánico y de su heredero Felipe II.

Carlos I y V (1500-1558):

Nieto de los reyes católicos Isabel y Fernando, e hijo de Juana la Loca y Felipe el hermoso, fue un gran estadista y guerrero, que vivió un romance digno de Romeo y Julieta, con su esposa Isabel de Portugal.

Este monarca de la casa austríaca de los Habsburgo, amplió la influencia de España en Europa, consolidó la presencia del reino en las colonias del Nuevo Mundo americano, derrotó a los turcos en Túnez, sometió a los flamencos y al propio Vaticano y tuvo que enfrentar a los Comuneros de Castilla, el desafío de Francisco I de Francia, Enrique VIII de Inglaterra y a la Reforma religiosa del caudillo nacionalista alemán Martín Lutero.

Al final de su vida se retiró a una vida mística en el convento de los Jerónimos de Yuste en Extremadura y resignó el mando en su hijo Felipe.

Felipe II (1527-1598):

Vástago del anterior e Isabel de Portugal, además de sus dominios europeos, americanos, africanos y asiáticos (Filipinas lleva ese nombre en homenaje a él), fue rey de Portugal.

Sufrió la inusitada derrota de la flota española («La Armada Invencible»), por la británica, construyó el impresionante palacio de «El Escorial» y bajo su gobierno la flota europea, al mando de su medio hermano Juan de Austria, derrotó a la armada del sultán turco (*«la más alta ocasión que conocieron los siglos»*, según Miguel de Cervantes).

Felipe II fue un rey rezandero que incluso, fortaleció el protagonismo del Santo Oficio o Inquisición. Sin embargo fue también un sujeto supersticioso y esotérico, que pobló su entorno de astrólogos, adivinos y magos que le nutrían su obsesión por conocer el futuro.

Los mandatos de Carlos y Felipe discurrieron en las décadas de mayor fulgor, hasta la llegada de la democracia en el siglo XX, de la España eterna.

XXXVIII

THOMAS ALVA EDISON RETRASADO

Empresario e inventor, el sabio Thomas Alva Edison (1847-1931), nacido en Milan, Ohio y fallecido en West Orange, New Jersey (EEUU), dejó de asistir a la escuela primaria porque su profesor lo calificó de *retrasado*.

Entonces fue educado por su madre, veterana maestra, que le inculcó el amor por la ciencia. Gracias a ella se convirtió en un ávido lector de libros de historia y ciencias naturales.

Sus días de las centurias 19 y 20, fueron los de la fascinante arrancada del poder industrial norteamericano, en los cuales los inventores como Edison tuvieron un protagonismo de primera fila.

Se superó para siempre la pasión mágica alquimista, de convertir los metales ordinarios en oro y plata, para desarrollar las condiciones para la producción y el consumo masivos.

En esa onda Thomas Alva Edison implantó su famosa *«Fábrica de Inventos»* de Merlon Park, pionera de los modernos laboratorios y complejos de investigación científica e industrial.

Este llamado **Mago de Merlon Park,** llegó a inscribir en vida 15 mil patentes industriales. Entre los hallazgos de la invención humana que el logró o perfeccionó, están la bombilla eléctrica, el fonógrafo, el teletipo de acceso a la Bolsa, el contador de voltios, el telégrafo automático, mimeógrafo, motor neumático, motor eléctrico, teléfono, dinamo, kinestocopio...

De tanto afán laborioso e investigativo, terminó sufriendo de sordera. No obstante lanzó su célebre sentencia:

«El genio consiste en un 20% de inspiración y un 80% de transpiración».

En 1889, en la Expo (Feria) Universal de París, el creativo Thomas Alva Edison recibió un homenaje mundial.

XXXIX

TERESA DE AVILA DOCTORA DE LA IGLESIA

Teresa Sánchez de Cepeda Dávila y Ahumada, o Teresa de Avila, o Santa Teresa de Jesús (1515-1582), proveniente de una familia de ascendencia sefardita, fue una de las grandes figuras literarias y religiosa españolas anunciadoras del Siglo de Oro.

Teresa, igual que otra católica sabia un siglo más tarde, la mexicana Sor Juana Inés de la Cruz, renunció a la medianía de la vida doméstica y sumisión del matrimonio, para elevarse al servicio de Dios y de paso, con su obra erigirse como precursora de la afirmación de los derechos femeninos.

Teresa leyó y escribió libros, lo que para su tiempo era una conducta escandalosa en una dama de alcurnia y fundamento (por esa inclinación al conocimiento y las lecturas, fue sospechosa para la Inquisición). Como monja fue una reformadora de órdenes religiosas y conventos y, como su contemporáneo San Juan de la Cruz, accedió a la capacidad mística de conversación con el Creador.

Entre sus obras educativas para religiosas y creyentes en general, con una prosa docta y sencilla encontramos:

«Libro de las relaciones», «Libro de las fundaciones», «El libro de la vida», «Moradas o castillo interior», «Camino de perfección» (todo esto sin mencionar sus muchos poemas plenos de intención pedagógica y de ascetismo).

De una familia de 12 hermanos, ya desde niña mostró atrevimiento, afán andariego y avidez de cultura. Para cumplir su compromiso renovador de las congregaciones y conventos, a pié y a lomo mula viajó por casi toda España.

Tanto fue su amor por la divinidad, que ansiaba la muerte para encontrarse con el Señor. En uno de sus poemas lo confiesa:

«Vivo sin vivir en mi / y tan alta vida espero / que muero porque no muero».

En 1622 fue canonizada por el papa Gregorio XV (año en que también fueron consagrados como santos Ignacio de Loyola, Francisco Javier y Felipe Neri); en 1922 se le proclamó como Doctora *Honoris Causa* de la Universidad de Salamanca (del ínclito don Miguel de Unamuno); y reconocida como Doctora de la Iglesia en 1970, por el pontífice Paulo VI.

Santa Teresa que siempre fue recia de temple pero frágil de cuerpo, murió en Alba de Tormes el 24 de octubre de 1582. Su cadáver fue prácticamente descuartizado para que sus reliquias fueran a parar a distintos países y ciudades.

Incluso, se cuenta que su mano estuvo durante muchos años en la recámara del caudillo Francisco Franco Bahamonde, como un amuleto protector. A la muerte del dictador su viuda Carmen Polo, reintegró ese resto santo a la Iglesia.

XL

CANTINFLAS PEDAGÓGICO

Uno de los latinoamericanos que encuentro más admirables es el mexicano Mario Fortino Alfonso Moreno Reyes, **«Cantinflas»** (1911-1993).

De él me fascina su **comicidad pedagógica**. Demostró que el cine y otros medios no están obligados a envilecer el entretenimiento. Que educar no aburre ni empobrece la diversión, sino que la enaltece y crea más compromiso del público con el artista.

Cantinflas (vocablo inventado por él que alude al habla de las cantinas y borrachos), como hijo de familia humilde comenzó de bailarín cómico en un circo, pero su talento y tenacidad lo llevaron a la fama internacional.

La experiencia callejera lo hizo conocedor profundo del alma popular, de la idiosincrasia y aspiraciones del pobre mexicano, el *«pelado»*. Y pudo crear un personaje gracioso que precisamente representara con dignidad a los marginados y desfavorecidos.

Por eso me atrevo a afirmar sin sonrojo, que él está a la altura del genio que afirmó: *«El mundo debería reírse más, pero después de haber comido»*, Charles Chaplin.

Cantinflas, actor, mimo, productor, guionista, torero, empresario y fotógrafo, se paseó en sus más de 50 filmes por todos los temas de interés para el ciudadano común. A más de 30 años de su deceso, sus películas siguen siendo vistas por públicos de todas las clases y sectores, lo que demuestra que el **respeto a la inteligencia de la gente no fastidia y si «vende»**.

En 1936 tuvo un rol secundario en el largometraje *«No te engañes corazón»*. Después vino su protagonismo en decenas de películas de otros y de su propia productora. Entre ellas:

«Ahí está el detalle», «Ni sangre ni arena», «El circo», «Los tres mosqueteros», «Romeo y Julieta», «Gran Hotel», «El portero», «Si yo fuera diputado», «El Bolero de Raquel», «Por mis pistolas», «Don Quijote cabalga de nuevo», «El Padrecito», «Sube y baja», «El Profe», «El gendarme desconocido», «El Sietemachos», «El bombero atómico», «El señor doctor», «Su Excelencia»...

Su particular modo de hablar enredado y simpático, produjo expresiones ya registradas por la Real Academia de la Lengua Española: *Cantinflero, cantinflesco, cantinflada...*

Cantinflas tiene su estrella en el Paseo de la Fama de Hollywood y en la conciencia de los no adictos a la banalidad mediática y digital.

XLI

TEODORA: RAMERA, REINA Y REPRESORA

Justiniano, «Basileus», (rey o monarca del imperio romano-griego de oriente, asentado en Constantinopla, antes Bizancio, Asia Menor, hoy Estambul de Turquía), pasó a la posteridad con una fama inmerecida.

El «mérito» de Justiniano estuvo en todo caso en estar rodeado por un genio militar, el conde y general Belisario, un político hábil, el eunuco Narsés, un policía concentrado, Juan de Capadocia, un jurista creativo y laborioso, Triboniano, pero sobretodo tener como esposa a una mujer cruel, corrupta, recia, astuta, fanática religiosa, persistente y diabólica, todo a la vez, **Teodora de Bizancio** (501-548).

Teodora llevó una infancia y juventud pletóricas de miseria y sufrimiento. Su tenacidad, confianza en sí misma y ambición, la condujeron en su vida acontecida y más bien corta, del pantano al poder total.

Desde niña le tocó ser prostituta de baja ralea. Pero su afiliación a una de las facciones del Hipódromo de Constantinopla, los «azules», más la protección de un obispo monofisita, le permitieron ir trepando hasta lograr acceso a las camas y erotismo de los jóvenes patricios de la ciudad.

En la Constantinopla de su tiempo el **hipódromo** no sólo era una multitudinaria entidad deportiva, sino que concentraba mucho y abusivo poder político y económico. La corriente cristiana **monofisita** sostenía que Jesucristo era de naturaleza divina, excluía lo humano (esa era una de las clásicas discusiones bizantinas).

Su discurso religioso cautivó en medio de lances sexuales, al heredero del trono de Constantinopla, Justiniano. Ellos desarrollaron un amancebamiento cuasi clandestino, censurado por los nobles y clases dirigentes de la ciudad, hasta que el emperador Justino autorizó la relación y posterior casamiento.

Entonces vino la revancha de Teodora. Con saña y extravagancia y con la permisividad de Justiniano, persiguió con alevosía a la facción contraria del Hipódromo y a los que no se plegaban al monofisismo.

Impuso el lujo y el derroche en la corte. Protegió a sus incondicionales y excluyó a los insumisos (y también a los neutrales). Se ocupó eso si de que las hetairas fueran asistidas por el estado y respetadas por los clientes.

En manos de Teodora Justiniano era un ser indeciso y manipulable. Ella lo condujo a crímenes espantosos, como vaciarle los ojos al general Belisario, un hombre leal que ganó tantas batallas para el imperio -reconocido hoy como uno de los grandes guerreros de la historia.

Precisamente el control del poder, lo logró Teodora cuando las facciones del Hipódromo se juntaron para protestar contra el gobierno de Justiniano. El emperador estuvo a punto de sucumbir. De huir. Allí se impuso la reciedumbre de Teodora que salvó a su marido:

—*Aunque la huida fuera la única posibilidad de salvarnos, yo me negaría a huir. La muerte es una condición de nuestro nacimiento, pero quien ha sido rey no debería nunca sobrevivir a la pérdida de su dignidad y su poder».*

De inmediato Teodora maniobró para dividir a los alzados y después ordenó a Belisario que los reprimiera. La acción del general produjo 30 mil muertos y Justiniano recuperó su mando.

XLII

SANTA TERESA DE CALCUTA COSMOPOLITA

Hay personas que nacen con la santidad dibujada en el aliento vital, tal es el caso de Agnes Gonxha Bojaxhiu, católica albanesa que ahora conocemos como **Santa Teresa de Calcuta** (1910-1997).

De familia burguesa muy pronto, a los doce años, ya reveló su inclinación religiosa incorporándose a las «Hijas de María». En 1928 la encontramos en Dublín, Irlanda, como hermana de la orden de Nuestra Señora de Loreto.

Pero su sueño era irse de misionera a la India. En ese país recala en 1929 como maestra de secundaria y luego, previos estudios de enfermería, se dedica a su más íntima vocación, el cuidado de los más desfavorecidos:

«Quiero llevar el amor de Dios a los pobres más pobres; quiero demostrarles que Dios ama el mundo y que los ama a ellos».

Así, con la autorización de Su Santidad Pablo VI, crea la congregación de las **Hermanas de la Caridad**, con la cual trabaja en los barrios más miserables de Calcuta en la protección de los abandonados de siempre, especialmente los niños.

La India de entonces, víctima del odioso sistema de castas, la irresponsable colonización británica y el abuso de los líderes nativos, políticos y económicos, era una realidad secuestrada por la miseria y la desesperanza.

En ese entorno ella desarrolla su amor al prójimo con humildad y sin afanes proselitistas:

«Para nosotras no tiene la menor importancia la fe que profesan, o dejen de profesar, las personas a quienes prestamos asistencia. Nuestro criterio de ayuda no es de creencias, sino de necesidad. Por ello jamás debemos permitir que alguien se pueda alejar de nosotras sin sentirse mejor y más feliz, pues hay en el mundo otra pobreza peor que la material: el desprecio que los marginados reciben de la sociedad por su situación, es la más insoportable de las pobrezas».

La labor de las Hermanas de la Caridad en Calcuta ha sido tan provechosa y reconocida, que ya se han establecido en casi 100 naciones del planeta (recientemente de modo abominable fueron expulsadas de Nicaragua, por el ensañamiento contra monjas, sacerdotes y obispos, de la dictadura Ortega-Murillo).

Desde su trabajo con los que sobreviven en la mayor precariedad, esta llamada maliciosamente «Santa de las cloacas», la Madre Teresa ha recibido multitud de homenajes:

1975. Representó a la Santa Sede en la Conferencia de la ONU en México, por el Año Internacional de la Mujer.

También en 1975 recibió en Oslo, Noruega, el Premio Nobel de la Paz.

Recibió la Medalla de la Libertad y la nacionalidad honorífica de los Estados Unidos.

El Premio Internacional de la Paz Papa Juan XXIII.

Los premios Bharat y Nehru de la India.

Además fue objeto homenajes por la ONU y, entre otros gobiernos, los de Italia, Filipinas, Reino Unido...

En el año 2003 fue declarada Beata por el pontífice Juan Pablo II.

En el 2016 el papa Francisco la canonizó.

Santa Teresa de Calcuta murió de afecciones cardíacas en 1997. Fue sustituida al frente de las Hermanas de la Caridad por **Sor Nirmala**, hindú convertida al catolicismo.

Ideario de la Santa:

«El fruto del silencio es la oración; el fruto de la oración es la fe; el fruto de la fe es el amor; el fruto del amor es el servicio; el fruto del servicio es la paz».

XLIII

BOLÍVAR Y PABLO MORILLO RIVALIDAD Y ADMIRACIÓN

Pablo Morillo (1778-1837), Teniente General, Mariscal de Campo, Conde de Cartagena y Marqués de la Puerta, fue un héroe de la sangrienta pero exitosa, guerra de independencia española contra el dominio invasor del emperador de los franceses, Napoleón Bonaparte.

Paradójicamente este probado luchador por la libertad de su patria, fue el escogido por el mediocre monarca español Fernando VII, para «pacificar» a sus levantiscos vasallos venezolanos y neogranadinos, empeñados en sacudirse el coloniaje de España.

Con ese fin Morillo salió de Cádiz en febrero de 1815 y atracó en el puerto de Pampatar, isla de Margarita, en el Caribe venezolano, el 9 de abril de ese año.

Venía con el título de Capitán General de Venezuela y la Nueva Granada (hoy Colombia); al frente 18 barcos de guerra, 42 de transporte, 500 oficiales, 10 mil soldados, 6 regimientos de infantería, unidades de caballería, artillería, ingeniería y servicios.

Morillo obtuvo rápidas victorias en Margarita, Cumaná, Caracas, Puerto Cabello de Venezuela, y Cartagena de Indias y Bogotá de Nueva Granada (en Bogotá hizo pasar por las armas al patriota Camilo Torres y al sabio Francisco José de Caldas).

Pero luego se le complicó la guerra al diestro militar Morillo. Sufrió derrotas del libertador Bolívar y Páez y las hostilidades seguían sin avances ni retrocesos, hasta que en 1820 se reunió en la población de Santa Ana de Trujillo, para acordar con Bolívar tratados de armisticio y de regularización de la guerra (esas negociaciones conducidas en la parte venezolana por Antonio José de Sucre, convirtieron los combates en menos cruentos y crueles).

Su pasado de oficial de la lucha independentista española, su comprensión de la acción liberal contra el absolutismo Fernando VII, de Rafael del Riego y Antonio Quiroga y Hermida (ocurrida en ese 1820 en España), su respeto militar por José Antonio Páez y su simpatía no disimulada por Simón Bolívar, lo condujeron a dejar el mando en manos de su segundo, el brigadier Miguel de la Torre, para regresar a su país donde cumplió con eficacia nuevas tareas de guerra y gobierno; hasta que murió en Francia en 1837.

En el informe de su gestión al Rey Fernando, el Capitán General Morillo escribió sobre Bolívar:

«Nada es comparable a la incansable actividad de este caudillo. Su arrojo y talento son títulos para mantenerle a la cabeza de la revolución y de la guerra; pero es cierto que tiene de su noble estirpe española rasgos y cualidades que le hacen muy superior a cuanto le rodea. El es la revolución».

Se cuenta que cuando el general Carlos Soublette fue a Madrid a negociar el reconocimiento a la independencia de Venezuela, se alojó unos días en la casa de Morillo, quien lo despertaba con el amistoso grito:

—*¡A despertarse ese insurgente!* (en los días de la guerra venezolana contra España (1810-1821), los realistas hispanos llamaban *insurgentes* a los patriotas criollos).

XLIV

SIETE LIBROS Y SIETE AMIGOS

Está más que demostrado que leer educa, amplia el entendimiento y la inteligencia, aleja la senilidad, humaniza y libera.

Atado a esa verdad y gracias a la prédica de mi madre, Edith (Edita) Bravo Boada, he leído durante mi ya larga vida unos miles de libros. Muy pocos si se comparan con los que leyeron en vida sabios como Alfonso Reyes, Germán Arciniegas, Lydia Cabrera, Miguel de Unamuno, Karl Popper, Pedro Henríquez Ureña, Bertrand Russell, José Enrique Rodó, Jean Paul Sartre, Umberto Eco, Paul Johnson, Fernando Savater, Willian Faulkner, Francis Ford Coppola, Byung-Chul Han, Josep Pla, Yuval Noah Harari, Salman Rushdie, James Joyce, J. K. Rowling, Condoleezza Rice, Madeleine Albright, Leopold Sedar Senghor, Hannah Arendt, Rabindradranath Tagore, Octavio Paz, Ernesto Sábato, Arturo Uslar Pietri, Ortega y Gasset, Mariano Picón Salas, Alonso Quijano (que se leyó todos los relatos de caballerías) y el inmarcesible Jorge Luis Borges.

Por cierto, Borges solía decir que él no estaba *orgulloso de los libros que había escrito, sino de los que había leído*.

Ahora quiero recordar aquí **siete libros** contemporáneos a cuya lectura llegué por recomendación de **siete amigos** queridos.

Desde luego que por razones de espacio no voy a referirme ahora a otras obras de gran valor, ya lo hice en un libro mío publicado en el 2012 (para el cual Carlos Alberto Montaner me hizo el honor de prologar): *«Los ciento un libros que todos podemos leer en esta vida»*.

Veamos los siete *lucky seven* (siete de la suerte):

«CREACION». Del norteamericano Gore Vidal. Recomendado por mí compadre **Elías José Antoni Martínez.**

Una novela deliciosa de ese creativo transgresor Vidal. Se sitúa en la Atenas de Pericles, Sócrates, Fidias, Sófocles, Anaxágoras y Aspasia de Mileto; en paralelo a la suntuosa Persia de la dinastía de los aqueménidas: Darío, Jerjes y Artajerjes.

«ENTRE LA CIUDAD SI Y LA CIUDAD NO». Del ruso Yevgueni Evtushenko. Recomendada por un amigo cumanés de solera: **César Yegres Morales (+)**.

De esta antología del disidente soviético Evtushenko, poeta y cineasta, leí con especial delectación los poemas a Edith Piaf, Nefertiti y el «Tío Vasia».

En unos versos de otro libro de Yevgueni Evtushenko, a quien llamaron *«el último de los poetas profetas»*, ese cautivo del comunismo ruso, nos dice:

> *«Es una vergüenza / para mí no conocer Buenos Aires ni Nueva York, / Quiero caminar hacia Londres, / y conversar con todos».*

«LA GUERRA DEL FIN DEL MUNDO». Del peruano-español Mario Vargas Llosa. Me la recomendó un amigo político decente, culto y de coraje, **Gustavo Tarre Briceño**.

Describe un caso de fanatismo religioso como camino de redención para los desheredados de *Canudos* (1897), un lugar del nordeste de Brasil, donde la complicidad de terratenientes, políticos y militares, mantenía la miseria del pueblo.

Un apocalíptico pastor, Antonio Conselheiro, solivianta a los pobres contra 10 mil soldados en una guerra heroica pero sin destino.

Una novela que escritores brasileños creyeron que era un atrevimiento del foráneo Vargas Llosa, intentar escribirla. Pero otro gran narrador de Brasil, Jorge Amado, siempre confió en que Vargas Llosa lo lograría.

Y en efecto es uno de los libros más fascinantes que he leído.

«MEMORIAS DE ADRIANO». De Marguerite Yourcenar, escritora belga elevada a la Academia de la Lengua Francesa. Me la recomendó otro amigo político trascendente: **Teodoro Petkoff Malec (+)**, talentoso y rebelde.

Relata las peripecias del emperador y esteta romano-latino (pero helenista), Adriano Augusto, hispano de la dinastía de Nerva, Trajano, Adriano, Antonino Pio, Lucio Vero, Marco Aurelio y Cómodo.

Magistral descripción del desempeño de Adriano como estadista y poeta y, también, de su apasionado amor por el joven bitinio Antinoo.

Del libro recojo esta confesión del emperador:

«Sólo en un punto me siento superior a la mayoría de los hombres: soy a la vez más libre y más sumiso de lo que ellos se atreven a ser».

«EL CORAZON DE LAS TINIEBLAS». Del polaco-británico Joseph Conrad. Me la recomendó uno de mis cómplices en todo lo bueno y lo malo que he hecho en la vida, el poeta **Abel Ibarra Díaz.**

Un relato desgarrador del genocidio perpetrado en el Congo colonial por el rey de Bélgica Leopoldo II. Reconocido por *Penguin Books* como uno de los grandes libros del siglo XX.

El célebre filme de Francis Ford Coppola, *«Apocalipse Now»* (Apocalipsis ahora), se inspira en esta novela estremecedora.

«EL HOMBRE QUE AMABA LOS PERROS». Del cubano Leonardo Padura. Me la recomendó uno de mis héroes intelectuales, **Carlos Alberto Montaner (+)**, un prodigio de lucidez, perseverancia libertaria y amor al prójimo.

Nos penetra en los tiempos de la dictadura criminal del soviético Stalin, con una astuta alusión indirecta al estalinismo de la Cuba de Fidel Castro.

Todo a través de la saga de Ramón Mercader, el agente comunista español asesino de León Troski.

«EL INFINITO EN UN JUNCO». De la española Irene Vallejo. La obra me la recomendó una tarde en su casa de Washington, un amigo de cultura consistente y muy refinado sentido del humor: **Gerver Torres,** economista y ex ministro del segundo gobierno de Carlos Andrés Pérez.

De este libro quedé impresionado por la erudición y grata escritura de esta joven hispana. Recorre a través de información sobre el origen y desarrollo de los libros y bibliotecas, prácticamente el itinerario de la cultura universal.

Estos siete libros son de esos como **«El Quijote»** de Cervantes, o **«Cien años de soledad»** de García Márquez, no es ocioso leer más de una vez en la vida.

Hubiera querido mencionar otros, tales como **«Un día de cólera»,** de Arturo Pérez Reverte, que me regaló mi hija **Gabriela María Margarita Ortiz García,** **«La conjura de los necios»,** del norteamericano John Kennedy Toole, **«1984»,** del británico George Orwell, **«Doña Flor y sus dos maridos»,** del brasileño de Bahía, Jorge Amado y **«El nombre de la rosa»** de Umberto Eco, **«Intelectuales»** de Paul Johnson, **«El fin del poder»,** de Moisés Naim cuyas lecturas no recuerdo quienes me las sugirieron, pero que dondequiera que estén, les agradezco infinito.

XLV

GRACIAS A LA VIDA DE LA VIOLETA

Entre mis canciones preferidas están «**María Bonita**» del mexicano de Agustín Lara; «**Uno**» del argentino porteño **Enrique Santos Discépolo»;** y «**Caballo viejo»,** del llanero venezolano Simón Díaz.

Y como tengo un insuperable rechazo al comunismo, no deja de admirarme la refinada sensibilidad de una mujer militante de esa tendencia, la chilena Violeta Parra (4 de octubre de 1917-5 de febrero de 1967).

Violeta, cantautora, poetisa, folclorista, pintora, escultora y escritora, como música rescató más de tres mil canciones de la tradición popular chilena y fue virtuosa de la guitarra, el guitarrón chileno, el charango, percusión, cuatro, quena y arpa.

Violeta del Carmen Parra Sandoval fue hermana del poeta rebelde Nicanor Parra y madre de otra cantante popular destacada, Isabel Parra. Los tres han sido fuente de inspiración para artistas rurales y urbanos de orígenes y credos diversos.

La Violeta paseó su talento por Polonia, Unión Soviética, Paris, Roma, Buenos Aires, Alemania, Finlandia… Y vivió un amor intenso pero frustrado con el antropólogo suizo Gilbert Favre.

El 4 de octubre, en homenaje a su natalicio, fue declarado «Día de la música y músicos chilenos». Y entre sus logros está la creación del «Museo Nacional de Arte Folklórico».

De sus conocidas canciones rutilan:

«**Yo canto a la diferencia**», «**Qué dirá el Santo Padre**» y una que para mí es la celebración más tierna y poética del paso por este mundo: «**Gracias a la vida**».

Ella, que para abandonar la existencia paradójicamente eligió el suicidio, Nos regaló una melodía de la cual escogimos tres de sus párrafos:

«Gracias a la vida, que me ha dado tanto / Me ha dado el sonido y el abecedario / Con él las palabras que pienso y declaro / Madre, amigo, hermano y luz alumbrando.
Gracias a la vida, que me ha dado tanto / Me ha dado el oído, que en todo su ancho / Graba noche y día grillos y canarios / Martillos, turbinas, ladridos, chubascos / Y la voz tan tierna de mi bien amado.
Gracias a la vida, que me ha dado tanto / Me ha dado la risa y me ha dado el llanto / Así yo distingo dicha de quebranto / Los dos materiales que forman mi canto / Y el canto de ustedes, que es mi propio canto».

«Gracias a la vida» es una canción favorita de mi vida.

XLVI

EDITH PIAF Y MARCEL CERDAN

Piaf es «gorrión» en francés, por eso una mujer melódica de aspecto frágil y desvalido, pero de voz potente y talante desgarrado fue aclamada en su tiempo como el «Gorrión de París», **Edith Piaf** (Edith Giovanna Gassion) (1915-1963).

Su infancia de niña abandonada por la madre y de progenitor acróbata ambulante fracasado, fue miserable. Hasta parte de su crianza discurrió en el burdel de una familiar.

Después de años de desperdicio como cantante callejera, en 1935 logró por fin un contrato para actuar en un cabaret, pero al tiempo fue arrestada como sospechosa en la muerte del dueño del local, al final fue absuelta, pero perseguida por la adversidad, hubiera podido decir como el comediante argentino Pepe Biondi: «*!Qué suerte tengo para la desgracia!*».

Su genio musical y coreográfico hizo inevitable que la Piaf triunfara en los escenarios de París y Nueva York. En los años de la ocupación nazi de Francia, durante la II Guerra Mundial, se convirtió en favorita de intelectuales, artistas y activistas de la resistencia francesa.

Pero como el infortunio y la maledicencia se cebaban contra ella, recibió acusaciones de colaboracionismo con los invasores alemanes. Muy pronto se demostró que al contrario, ella fue un factor de apoyo a los que resistían y/o eran maltratados.

Sus actuaciones y canciones tuvieron un éxito esplendoroso. «*Mon legionnaire*» (Mi legionario), «*Je ne regrette rien*» (No me arrepiento de nada», «*Mon Dieu*» (Mi Dios), «*Milord*» (Mi señor), «*Les amants de París* (Los amante de Paris), «*La vie en rose*» (La vida en rosa», «*La foule*» (La multitud), «*Padam Padam*» y, sobre todo: «*Hymne a l'amour*» (Himno al amor), está última dedicada al hombre que más amó: el campeón mundial de boxeo franco-argelino-hispano, Marcel Cerdan.

Edith Piaf tuvo matrimonios, romances, amantes y protegidos de renombre: Marlon Brando, Ives Montand, Charles Aznavour, Georges Moustaki, Jacques Pils, Atahualpa Yupanqui...

Pero la muerte en un accidente aéreo de su amado Marcel Cerdan, marcó su vida hasta la adicción a la morfina.

Ella fue sublime. Yo la amo.

Incluso agrego una anécdota personal:

A las siete y treinta de un amanecer en Lechería, estado Anzoátegui, Venezuela, recibí una llamada del Director General de mi Alcaldía, el general Gonzalo Bajares Colmenares. Me dijo:

—*¡Alcalde, prenda el televisor. La concejal está diciendo unas barbaridades contra usted!*

Le respondí:

—*Caramba mi general, yo estoy leyendo una biografía de Edith Piaf. No voy a interrumpir la lectura para escuchar a esa pendeja.*

—*Tiene razón alcalde*, admitió el inteligente guardia nacional.

XLVII

BENJAMÍN FRANKLIN VERSATIL

Se dice que Benjamín Franklin y el venezolano Francisco de Miranda, fueron los primeros nacidos en el nuevo continente, que lograron una proyección universal.

Franklin (Boston 1706-Filadelfia 1790), autodidacta sencillo y con grato sentido del humor, decente y voluntarioso fue un portento de **versatilidad**:

Científico, impresor, inventor, filósofo, editor, diplomático, escritor, estudioso de la historia y la demografía, parlamentario, políglota (Latín, inglés, francés, alemán, castellano, italiano), músico (Arpa, guitarra y violín), en tanto que estadista es reconocido como uno de los Padres Fundadores de la Democracia de Estados Unidos.

Entre sus hazañas científicas, políticas y editoriales podemos resumir:

Junto con Thomas Jefferson y John Adams, redactor de la Declaración de Independencia de EEUU.

Enviado a acciones diplomáticas en Inglaterra y Francia. Presidente del estado de Pennsylvania.

Creador del *«Poor Richard Almanack»* (Almanaque del pobre Ricardo). Anuario popular entre todos los sectores, que proveía a sus contemporáneos de orientación agraria, urbana, predicción del tiempo, medicina e higiene, de conservación de la naturaleza, de finanzas y negocios, astronomía, virtudes cívicas, sentencias y aforismos…

Inventor del Pararrayos (alguien dijo que *«había robado el rayo al cielo y el cetro a los tiranos»*).

Creador de una compañía de seguros, clubes de discusión, hospitales, universidades, bibliotecas circulantes, periódicos, servicios profesionales de policía, bomberos y correos, una estufa que ahorraba leña, un generador de electricidad estática, palabras de ciencia como batería, carga eléctrica, conductor, condensador…

En tanto que parlamentario recomendó a los colegas atreverse a *«dudar de su pretendida infabilidad»*; y resolvió un diferendo entre los estados al proponer que en el Senado hubiera dos representantes por cada estado y en la Cámara de Representantes se eligieran los miembros de acuerdo al número de habitantes.

En sus años postreros recibió este mensaje: *«Usted será reconocido con respeto, veneración y afecto por su país, por todos los hombres a los que ha legado un eco de su vida y por este su sincero amigo y más* obediente *servidor.* **Jorge Washington.**

Entre las frases más provechosas e imperecederas de Benjamín Franklin, podemos repetir:

«Haber sido pobre no es una vergüenza, pero sentirse avergonzado de ello si lo es».
«Es de mala educación hacer callar a un tonto, pero es una crueldad dejar que siga hablando».
«Dios ayuda a los que se ayudan a sí mismos».

Difícil encontrar en los anales un hombre más multifacético y útil que Benjamín Franklin. Su autoconfianza, creatividad y lucha lo elevó desde una infancia muy pobre (era el número 15 de 17 hermanos), hasta la estelaridad histórica.

XLVIII

LOS NAPOLEONES DE FRANCIA: ARROGANCIA DE PODER Y COLAPSO

Napoleón I y su sobrino Napoleón III fueron poderosos mandamases franceses que al final conocieron la derrota y el destierro.

NAPOLEÓN I.
Este general y emperador afortunado al que llamaron *Gran Corso* sus adulantes y, con cariño, *Le Petit Caporal,* sus tropas, vivió entre 1769 y 1821.

Nació en Ajaccio, Córcega, cuando las isla hacia apenas un año que había pasado del dominio genovés al francés. De familia humilde, su carrera de guerrero y estadista fue fulgurante:

1779. Ingresa en la academia militar en París. Es un alumno destacado. En 1785 se recibe como teniente de artillería. En los años siguientes tiene sus primeras victorias militares. Muy pronto se revela su genio militar en Italia.

1788 a 1799. Nombrado comandante de la Guarnición de París por el gobierno del Directorio (Paul Barras). Se casa con la culta y astuta aristócrata antillana, Josefina de Beauharnais. Campaña de Egipto con triunfos terrestres y derrota naval. Después de la caída de Robespierre (18 Brumario-9 noviembre), protagoniza un golpe de estado y asume definitivamente el mando. Reorganiza el estado. Promueve reformas sociales, comerciales, civiles y penales. Buenas relaciones con la Iglesia.

1804. En presencia del pontífice Pio VI, se auto corona como emperador. Inicia su ambiciosa ruta de conquista de Europa.

1807. El gran ejército de Napoleón se apunta triunfos bélicos en Alemania, Austria, Bélgica, España, Italia, Suiza… Francia se convierte en el imperio más grande de Europa desde los tiempos romanos.

1812. Desastre en invierno de las tropas francesas en Rusia. Comenzó la invasión con 500 mil hombres y la terminó con 18 mil.

1813. Fracasó final de la intervención napoleónica en España (comenzó con la perdida en la batalla de Bailén en 1808).   1814. Vencido por la coalición de potencias euro peas. Se ve obligado a abdicar. Exiliado a las Isla de Elba en el Mediterráneo.

1815. Escapa de Elba. Retoma el mando en París. Gobierno de los *Cien Días*. De nuevo derrotado por las potencias europeas (Batalla de Waterloo). Enviado a prisión en la Isla de Santa Helena (Atlántico sur, donde muere en 1821).

NAPOLEÓN III.

Carlos Luis Napoleón Bonaparte (1808-1873), hijo de un hermano de Napoleón I y una hija de Josefina Beauharnais, gobernó a Francia en 1848 como presidente; y entre 1851 y 70 como emperador.

Fue educado en Suiza y Baviera.

En 1832 asumió el mando del partido Napoleónico francés.

En 1836 participó en una rebelión contra el rey Luis Felipe I. Hecho preso se escapó y buscó refugio en Inglaterra.

En 1848, al ser derrocado el monarca, Luis Napoleón Bonaparte regresa a París, es diputado a la Comuna y finalmente Presidente de Francia.

En 1851 es proclamado como emperador Napoleón III. Promueve el desarrollo industrial y programas de apoyo al pueblo llano.

En 1853 se casa con la princesa española Eugenia de Montijo.

Entre 1854-56 obtiene éxito en la guerra de Crimea.

Entre 1862-67 es aplastada su invasión a México por las tropas de Benito Juárez.

En 1870 el ejército prusiano del canciller Otto von Bismarck, fulmina al francés de Napoleón III.

Estos dos caballeros franceses, tío y sobrino, los napoleones I y III, arrogantes y ambiciosos, se propusieron ser grandes conquistadores a lo Nabucodonosor de Babilonia, Ramsés de Egipto, Darío de Persia, Alejandro Magno de la Macedonia griega, el romano latino

Cayo Julio César, el mongol Temujín (Gengis Kan), el ruso Iván el Terrible...

Por las derrotas de España y Rusia el primero, y de México y Prusia el segundo, su sueño de grandeza concluyó en la ruina política y militar y en el destierro.

XLIX

ANDRÉS BELLO, CRISTOBAL COLÓN Y EL BARÓN DE HUMBOLDT: PIONEROS

Andrés Bello, sabio venezolano, Cristóbal Colón, almirante genovés al servicio de España y Alejandro de Humboldt, barón y sabio germánico, fueron cada uno muy útiles adelantados a su tiempo.

ANDRÉS BELLO (1781-1865).

Este erudito patriota caraqueño, maestro del libertador Simón Bolívar, cuando era apenas dos años mayor que su alumno, fue jurista, filósofo, ensayista, teólogo, traductor (latín, inglés y francés), diplomático, docente, poeta, filólogo, gramático, académico, político, parlamentario, que además hizo estudios de matemáticas y física.

En 1810 fue a Londres en una delegación con Simón Bolívar y Luis López Méndez, en busca de reconocimiento al temprano movimiento emancipador venezolano.

En Londres permaneció un par de décadas como figura intelectual de la independencia suramericana y editó las revistas *«Repertorio Americano»* y *«Biblioteca Americana»*.

A partir de 1829 aparece en Chile, donde cumplió hasta el fin de su vida una provechosa escala. Fue funcionario público, editó la revista *«El Araucano»*, fue senador, rector de la Universidad de Chile, legislador, redactó el Código Civil chileno…

Son reconocidos sus libros: *«Gramática de la lengua castellana para el uso de los americanos», «Principios de ortografía y métrica de la lengua castellana», Filosofía del entendimiento», «Gramática de la lengua castellana»…* Y sus poemas *«Silva a la agricultura de la zona tórrida», «Alocucion a la poesía»…*

CRISTÓBAL COLÓN (1451-1506).

Nació en Génova en una familia que se presume judía conversa. Desde niño reveló su amor a la navegación y temprano, como grumete, inició sus viajes marinos.

Lector sistemático, muy pronto conoció la redondez de la tierra y marco distancia con el mito que presentaba al Atlántico desconocido como un océano proceloso, lleno acechanzas y terribles monstruos, que además se perdía en unas cataratas sin final.

Convencido que se podía llegar al este del globo navegando hacia el oeste, después de ser rescatado de un naufragio en 1476, recaló en Lisboa, donde se casó y en 1484 se presentó ante el rey Juan II de Portugal, para exponerle su plan de buscar otra ruta al Asia, alternativa a la del oriente.

El monarca lusitano interesado en los viajes que procuraban llegar a Cathay (China) y Cipango (Japón), rodeando al Africa, decidió no apoyar a Colón.

Entonces el genovés se fue a España y, con la ayuda de sacerdotes, armadores, comerciantes y un noble influyente, logró una audiencia con los reyes católicos Isabel de Castilla y Fernando de Aragón, para explicarles su plan.

Fernando trató al marinero con desdén, pero Isabel, visionaria y dispuesta a correr riesgos, se interesó en el proyecto, pero le dijo a Colón que primero tenía que concretarse la Toma de Granada, último dominio de los moros en España.

El 2 de enero de 1492 cayó por fin Granada ante las tropas de los monarcas católicos. Entonces la reina llamó a Colón y lo autorizó y financió para emprender su periplo descubridor.

Así salió Colón en el viaje que completaría para todos la geografía de la tierra y sería marcado por muchos como hito final de la Edad Media, e inicio del Renacimiento.

El 12 de octubre de 1492 llegó el almirante al archipiélago de las Bahamas, en el mar que la posteridad conoce como Caribe, en lo que es hoy el Nuevo Mundo americano.

Colón hizo otros tres viajes en los que descubrió (o se encontró de acuerdo a los aromas bizantinos de las discusiones actuales), con La Española (Dominicana y Haití), Juana (Cuba), Jamaica, Trinidad, Costa Firme (Venezuela), Honduras, Nicaragua, Costa Rica...

En los años postreros Cristóbal Colón, que tuvo en vida los títulos de Almirante de la Mar Océano y Virrey de las Indias, sufrió castigos y rechazos y murió sin saber que en verdad no había llegado a las Indias sino a un nuevo continente.

La reivindicación de la hazaña de Colón la iniciaron siglos más tarde, los próceres Francisco de Miranda y Simón Bolívar.

ALEJANDRO DE HUMBOLDT (1769-1859).

Este ilustrísimo aristócrata berlinés fue, como dijo Fray Luis de León: *«Uno de los pocos sabios que en el mundo han sido».*

Destaco en biología, cosmografía, geología, metalurgia, minería, zoología, botánica, etnografía, antropología, geografía y hasta como político y diplomático.

En 1799, autorizado por la corona española, con propósitos científicos llegó a Venezuela por el puerto de Cumaná. En Venezuela hizo estudios del paisaje, las gentes, la flora y la fauna, las cavernas, montañas y ríos; en el oriente, los llanos, la amazonia del Orinoco, Caracas... E identificó especies como el Guácharo (Steatornis caripenses) y la culebra Cascabel (Crotalus terrificus cumanensis).

Luego siguió su recorrido pletórico de hallazgos científicos, junto a su compañero el botánico francés Amado Bonpland (1773-1838), por Colombia, Ecuador, Perú, Cuba y México.

Este benefactor de la humanidad nos dejó entre otras obras:

«Viaje a las regiones equinocciales del nuevo continente», «Consideraciones sobre la naturaleza», «El cosmos o descripción física del mundo», «Ensayo político sobre el reino de la Nueva España» (primer nombre español de México)...

Los títulos de Bello, Colón y Humboldt aceptados por la posteridad:

Andrés Bello, *«Libertador artístico de América»*, por su defensa del modo de hablar y escribir la lengua de Cervantes en nuestro continente.

Cristóbal Colón, *«Descubridor geográfico del Nuevo Mundo americano»,* por la posterior influencia de sus viajes en el encuentro de todos los seres humanos del orbe.

Alejandro de Humboldt, *«Descubridor científico de América»,* por sus estudios sistemáticos y profundos que revelaron al mundo la magia y potencialidad de nuestro mundo nuevo.

L

DAYAN: LO QUE HABÍA QUE VER

Este carismático guerrero judío Moshe Dayan, victorioso en dos guerras en defensa de la existencia del estado de Israel, la de los *Seis Dias* y la de *Yom Kippur*, vivió entre 1915 y 1981.

Antes había tenido acciones heroicas en las contiendas anteriores a la creación del estado de Israel en 1948, incluso en una de ellas perdió parte de la vista, de allí su emblemática imagen del parche en un ojo. También tuvo actuación destaca en la II Guerra Mundial.

Siempre con un desempeño magnífico, participó en cinco guerras y dirigió dos. Además de militar y político, fue arqueólogo y en su infancia y juventud, agricultor en el primer *Kibutz* (granja de producción y defensa del territorio) que se creó en tierras de lo que llaman los hebreos *Eretz Israel*.

Con el primer ministro fundador de Israel, David Ben Gurion, fue Jefe de Estado Mayor en la crisis del Canal de Suez de 1956; y ministro de Relaciones Exteriores o Defensa en los gobiernos de Menajem Beguin, Levi Eshkol, Yigal Allon y Golda Meier.

Fue un hábil negociador, lo que quedó demostrado en sus conversaciones con los drusos en 1948, para un entendimiento con los judíos; y en los acuerdos con el rey de Jordania, Abdullah I. Sus triunfos en batalla sobre la invasión egipcia, siria, Jordania, Irak y libia liderada por el dictador Gamal Abder Nasser, lastimaron gravemente entre los suyos, el prestigio de ese caudillo.

Sobre todo la guerra de los *Seis Días* fue un episodio estelar de la historia militar de todos los tiempos. El ejército invasor árabe derrotado, disponía de los siguientes recursos de guerra:

Medio millón de hombres, 86 brigadas, 1873 piezas de artillería, 4668 carros de combate, 1278 aeronaves...

Israel al mando de Dayan:

250 mil hombres, 25 brigadas, 745 piezas de artillería, 1244 carros de combate, 286 aeronaves...

A pesar de la inferioridad de recursos, las tropas judías encabezadas por los generales Moshe Dayan, Yitzah Rabin y Uzi Narkis, le propinaron una derrota tan fulminante y definitiva a los árabes, que Israel terminó ocupando los territorios palestinos de Cisjordania y Gaza, los Altos del Golán sirios, el Sinaí y el Canal de Suez egipcios...

Pero lo más relevante para los judíos fue que tomaron el control de su milenaria capital, Jerusalén.

Y en aquellos tiempos se decía de la fugaz guerra de los Seis Días:

«Para lo que había que ver, a Moshe Dayan le bastó con un ojo».

LI

SALMAN RUSHDIE ACUSADO Y ACOSADO

A través de las décadas, centurias y milenios, el fanatismo religioso, político o militar, ha sido uno de los más ominosos flagelos para el género humano.

Una de las víctimas más notables del fanatismo religioso en nuestra contemporaneidad, es el escritor indio-anglo-estadounidense **Salman Rushdie,** nacido en Bombay, India en 1947.

Rushdie trepó a la fama con su novela *«Hijos de la medianoche»,* que en 1980 mereció el más alto premio literario del Reino Unido: *Bookers and bookers.*

Persona alegre, de grato sentido del humor, escritor de ficción histórica, reconoce la influencia de Gabriel García Márquez, uno de los punteros del Realismo Mágico latinoamericano.

No es vocero de ideologías pero si un intelectual de intenso compromiso con la democracia y la libertad. Su preocupación por los estragos del colonialismo, racismo e intolerancia, se desliza en todas sus narraciones.

De su relato *«Harum y el mar de las historias»,* opinó el celebrado escritor británico Graham Greene: «Es uno de los pocos libros, desde *Alicia en el País de las Maravillas,* cuya fantasía llega tanto a los jóvenes como a los adultos».

A este hombre pacífico, amable y tolerante le llegó la noche en 1989, cuando publico su obra *«Versos satánicos.* Al leer el libro, en el cual se sugiere a la musulmana como una religión de la sumisión, el teócrata persa, ayatolá Ruhollah Jameini, consideró que era blasfemia contra el profeta Mahoma y lanzó una *fatwa,* una orden a los musulmanes del mundo, de asesinar a Rushdie por su «sacrilegio».

En lo sucesivo y hasta el presente, Salman Rushdie ha tenido que vivir y escribir en una semiclandestinidad, bajo protección policial, para evitarle un ataque mortal.

De todas maneras el esperado atentado se produjo el 12 de agosto de 2022. Antes de comenzar una conferencia en Chautaugua, estado de Nueva York, fue apuñalado por un obcecado joven musulmán. Solo Dios y la muy avanzada medicina norteamericana, pudieron salvar la vida del benemérito Salman.

Sobre la horrísona persecución al autor de los *«Versos satánicos»*, dijo el novelista español Juan Goytisolo:

«Lo que está en juego es la libertad de los escritores para escribir y la de los lectores para leer».

Y el propio Salman Rushdie aludió al acoso que ha padecido, de esta guisa:

«Nunca me consideré un escritor preocupado por la religión, hasta que una religión empezó a perseguirme.».

LII

LUCRECIA BORGIA Y PUTIN: ¿VENENOSOS?

El Renacimiento (siglos XIV y XV después de N. S. Jesucristo), período de transición entre la Edad Media y la Moderna, fue una época de nostalgia del antiguo esplendor grecorromano, en el cual se pasó de la veneración del espíritu al descubrimiento de los placeres del cuerpo.

Una familia emblemática de ese período fue la italiana de origen español (Valencia), los Borgia o Borja:

Alfonso Borgia fue papa con el nombre de *Calixto III*; Rodrigo Borgia lo fue como *Alejandro VI*; César, *capitán general de los ejércitos papales;* y **Lucrecia Borgia,** al igual que su hermano César, uno de los siete hijos del pontífice Alejandro VI.

Gracias a Víctor Hugo, Dumás padre y Donizette, a Lucrecia Borgia la encuentra la posteridad convertida en símbolo de la lascivia, el descaro e incluso del crimen. Mientras que muchos sostienen que su represivo hermano César, es el modelo de gobernante en que se inspiro Maquiavelo para su ensayo *El Príncipe* (otros piensan que realmente lo fue Fernando el Católico).

En todos los tiempos los poderosos y los que no lo son tanto, usaron los venenos como recurso para eliminar competidores o adversarios. Por eso, sin demostraciones convincentes, se presenta a la bella, culta y casquivana Lucrecia, como experta en la preparación y el uso de un veneno muy popular en sus tiempos, la *cantarella.*

Pero ya hemos dicho que a ella se le puede acusar de concupiscente, pero no de venenosa.

VLADIMIR PUTIN

Este controversial personaje nacido en la ciudad ruso europea de San Petersburgo, en 1951, es un abogado, político y antiguo agente de inteligencia (en el siniestro aparato de seguridad y espionaje KGB).

Atravesado por la nostalgia expansionista zarista y soviética, Putin abraza la idea (santificada por la Iglesia Ortodoxa) de resucitar el imperio ruso. Su añoranza de la dictadura comunista lo ha llevado a afirmar:

«La caída de la Unión Soviética ha sido la mayor catástrofe geopolítica del siglo XX».

Esa vocación imperial y bélica putinista, ha conducido a las brutales agresiones rusas a Chechenia, Crimea y Ucrania. Y es que de manera tiránica y hasta criminal, Vladimir Putin, con la complicidad militar y de sus empresarios oligarcas, ha sido mandatario de Rusia entre 1999 y el actual 2023.

De Putin si se ha comprobado el uso de las sustancias tóxicas *novichov, polonio* y *vx,* para desembarazarse de sus enemigos, dentro y fuera del enorme territorio ruso.

En dos casos las investigaciones demuestran que Putin ordenó envenenar adversarios:

Contra el oficial fugitivo del servicio secreto ruso **Alexander Litvinenko**, quien había denunciado que el gobierno les había ordenado matar al magnate Boris Berezovski, y huyó a Londres, donde murió envenenado con polonio en el 2006.

Y contra el prestigioso defensor de los derechos humanos, **Alexei Navalni**, que también fue víctima del **Envenenador en Jefe**, Vladimir Putin.

A Navalni lograron salvarlo los médicos alemanes. Regresó a Rusia y Putin ordenó a los jueces que lo condenaran a un largo presidio.

Afortunadamente a Vladimir Putin, que inexplicablemente suscitaba simpatías en líderes de Occidente (Donald Trump aseguró que era *un genio*), lo está visitando un gran descrédito, por su disparate genocida y ruinoso para Rusia, de la invasión a Ucrania.

LIII

NIKITA KRUSCHEV Y LOS VALSES UCRANIANOS

Un amigo político venezolano, contestatario brillante e incorregible, Rafael Iribarren, en una oportunidad le recriminó a un ministro social cristiano de anteriores impulsos críticos, su incondicionalidad con el presidente de turno.

El ministro le respondió:

—*Mira Rafael, yo aparezco como sumiso con el presidente, pero no te olvides que Nikita Kruschev le bailaba valses ucranianos a Stalin para divertirlo, pero después fue el hombre que promovió la desestalinización de la Unión Soviética.*

El perspicaz Iribarren le replicó:

—*Sí Rodolfo, pero este presidente va a tardar mucho en morirse, tú no eres Kruschev, ni sabes bailar valses ucranianos.*

Y en efecto, **Nikita Sergeguevich Kruschev**, o Kruschov, o Khruschev, o Jrushov (1874-1971), durante la larga dictadura comunista en la Unión Soviética (hoy Rusia) de Iosiv Vissarianovich Dzhugashvili (alias *Stalin*), fue un funcionario leal hasta la sumisión.

Stalin designó a Nikita jefe del partido comunista en Ucrania, miembro del politburó y del presídium del Soviet Supremo y durante la II Guerra Mundial comisario político del Ejército Rojo del frente oriental, entre otros cargos de jerarquía.

Entonces Kruschov, que fue cómplice de los crímenes y abusos de Stalin, a la muerte de este y en un Congreso del Partido Comunista de la Unión de Repúblicas Socialistas Soviéticas, inició el proceso para el descrédito histórico de su antiguo protector.

Le correspondió a Nikita ser el Jefe comunista y gobernante de la Unión Soviética, entre 1953 y 1964, cuando fue sustituido por sus adversarios internos Leonid Brezhnev y Alexei Kosygin.

Como mandatario tuvo que manejar con cuidado la rivalidad en la Guerra Fría entre Rusia y sus satélites y los Estados Unidos. Gracias a su pragmatismo (y su rara serenidad en un hombre fogoso), se evitó una conflagración nuclear en 1962, en la crisis creada por la instalación de cohetes atómicos en Cuba.

Nikita y John Kennedy actuaron con gran sentido de la historia en ese momento clave, poniendo bajo control la proverbial irresponsabilidad del déspota cubano Fidel Castro.

También habría que destacar el decidido apoyo de Kruschov al programa espacial soviético, que arrancó con ventaja sobre el norteamericano, aunque después fue superado por este. Eso sí, se le crítica su impericia como gerente del estado, sobre todo en materia económica.

Nikita fue un caudillo carismático y de gran figuración mediática en todo el planeta. Apenas ha pasado un medio siglo y pico de su deceso, pero ya está olvidado. Ese es el destino de los gobernantes sin aliento histórico.

Tanto es así que, si hoy en día se conoce el nombre *Nikita* (victoria en ruso), es por la famosa canción del cantautor inglés Elton John.

LIV

HEMINGWAY Y LA SABIDURÍA

Una de las figuras literarias de la deslumbrante llamada *Generación Perdida* norteamericana, fue el novelista, cuentista, poeta y periodista **Ernest Hemingway** (1889-1961).

Como el francés André Malraux, fue un hombre que escribió y vivió historias:

Se involucró en las **I** y **II** guerra mundiales; en la Guerra Civil española; en los lances intelectuales de París; y en los afanes literarios de su país.

Fue además amante de las corridas de toros castellanas, de la Cuba tropical y Caribe, del Africa mágica y de las crepitaciones cotidianas de urbes como Nueva York.

En su refugio de Key West, Florida, cuidó con esmero y ternura a decenas de gatos. Sus felinos eran de esos raros con seis dedos (polidáctilos).

En su prosa siempre se derrama la tristeza, aún en medio de la búsqueda de situaciones alegres. Su bibliografía es abundosa:

«Tres cuentos y diez poemas», «En nuestro tiempo», «Aguas primaverales», «Fiesta», «Adiós a las armas», «Muerte en la tarde», «Ganancias de nada», «Verdes colinas de Africa», «Las nieves del Kilimanjaro», «Tener y no tener», «Por quién doblan las campanas», «El viejo y el mar»...

En 1952 ganó el premio Pulitzer y en el 54 el Nobel de la Academia Sueca.

Antes de suicidarse en 1961 después de una vida de excesos, terminó por afirmar:

—*Los viejos no se vuelven más sabios, sino tan sólo más astutos.*

LV

VOLTAIRE: LA OPINIÓN LIBRE

En el elenco de protagonistas de la Enciclopedia que tanto pulimento intelectual le dio a la Revolución Francesa, aparecen Dennis Diderot, D´Alembert, Montesquieu, Rousseau, Helvecio, Holbach y desde luego Francois Marie Arouet, conocido como **Voltaire** (1694-1778).

Educado por los jesuitas, desde joven él sufrió cárcel y hasta la expulsión de Francia, por sus burlas a la monarquía, la nobleza y la Iglesia de su país.

Tuvo influencia de los británicos Alexander Pope, Locke, Berkeley, Newton, William Shakespeare y el irlandés Jonathan Swift...

Gozó la protección de monarcas amigos de la literatura y las artes como Federico de Prusia y la zarina Catalina de Rusia (a la muerte de Voltaire Catalina compró su biblioteca, de más de 7 mil volúmenes).

Rodó por distintos países además de su natal Francia: Inglaterra, Prusia, Suiza y, a pesar de la simpatía de la zarina por él, nunca estuvo en Rusia.

Fue un hombre polémico, irreverente, contestatario, fogoso, agitado, erudito, libertario y paradójicamente amante del dinero (así fue señalado por Paul Johnson en su ensayo *«Intelectuales»*).

Escribió muchísimo:

«Edipo», «Cándido», «Zadig», «La Henriada», «Micromegas», «El siglo de Luis XIV», «Cartas inglesas», «La princesa de Navarra», «El triunfo de Trajano», «El desastre de Lisboa», «Diccionario Filosófico», «Ensayo sobre la historia general y sobre las costumbres y el carácter de las naciones»...

Su obra *«Cartas filosóficas»*, sufrió condena a la hoguera por promoción del «libertinaje y el ateismo».

Su *«Tratado sobre la tolerancia»,* fue rechazado por su defensa de los hugonotes, considerados herejes.

Y *«Cartas sobre la nueva Eloisa»*, en la cual ridiculiza a Juan Jacobo Rousseau, lo llevó a un crispado debate con el enciclopedista suizo.

Voltaire, baluarte tempranero de la Libertad de Expresión, le respondió de este modo a una lectora que criticaba con aspereza uno de sus artículos:

—*Señora, no estoy de acuerdo con lo que usted dice, pero daría mi vida para que se respetara su derecho a decirlo.*

LVI

JOAQUÍN BALAGUER Y LA CEGUERA

El dominicano Joaquín Antonio Balaguer Ricardo, estadista, político, periodista y ensayista, vivió entre 1907-2022.

Enigmático, modelo de moderación y astucia, de austeridad (habitó la misma casa modesta durante 50 años), se educó en las universidades de Santo Domingo y París I.

Fue un funcionario principal de la larga y opresiva dictadura de Rafael Leónidas Trujillo: embajador, ministro de Educación y de Relaciones Exteriores, Vicepresidente y hasta Presidente encargado.

Al ser asesinado Trujillo en 1961, manejó con maestría y ahorro de conflictos la transición a la Democracia, tal como nos lo contó el premio Nobel Mario Vargas Llosa, en su novela *«la Fiesta del Chivo».*

Su destreza política fue clave para la reconstrucción de la institucionalidad dominicana, en lo cual comparte honores con sus adversarios Juan Bosh, José Peña Gómez y Leonel Fernández.

Con resultados reconocidos en lo que atañe al saneamiento de la hacienda pública, impulso de las obras urbanas y rurales, mejoramiento de la educación, desarrollo del agro, pacificación del país y mantenimiento de la gobernabilidad, se le crítica su estilo muchas veces autoritario (y el afán continuista).

Entre otros reconocimientos públicos se recuerdan los de los presidentes norteamericanos Ronald Reagan y James Carter, además de órdenes como la de Isabel la Católica (reina de España).

En tiempos de Democracia fue presidente de República Dominicana en los períodos 1960-62, 1966-78, y 1986-96.

En 1990 compartió el Premio Nacional de Literatura con su histórico adversario, el profesor Juan Bosh.

Fue un escritor prolífico:

«Salmos paganos», «Heredia: verbo de la libertad», «La realidad dominicana», «La política internacional de Trujillo», «Letras dominicanas», «Apuntes para una historia prosódica de la métrica castellana», «Cristóbal Colón: precursor literario», «La palabra encadenada», «España infinita», «Grecia eterna»...

Mi amigo Nuno Viñas, militante del antiguo Partido Reformista Social Cristiano fundado por Balaguer, e hijo de Manuel de Jesús Viña Cáceres, dos veces ministro de este reseñado presidente, me contó la siguiente anécdota:

En una oportunidad un periodista recriminó a Balaguer por aspirar a una nueva presidencia aunque ya padecía una ceguera muy avanzada.

Y el viejo sabio le respondió:

—*Mire joven, uno no va al palacio de gobierno a ensartar agujas, sino a gobernar...*

LVII

GANDHI: FRANCISCANO

San Francisco de Asís, predicó, persuadió, reformó la Iglesia y alumbró su existencia en el cumplimiento del amor al prójimo.

Sin ser católico como *Il Poverello* (pobrecito) de Asís, el líder histórico de la India, **Mohandas Karamchad Gandhi** (1869-1948), seguidor de la doctrina de *Visnú*, deidad hindú protectora de la vida, Gandhi puede ser considerado epítome del amor a sus semejantes.

Tanto así que se le tiene como inspirador de los más excelsos pacifistas posteriores a él, verbigracia: Luther King, Nelson Mandela, Madre Teresa, el ruso Alexei Navalny, Dalai Lama y los chinos Ai Qin y su hijo Ai Weiwei.

Llamada *Mahatma* (Alma grande) por el poeta *Rabindranath Tagore* y por su pueblo, él se recibió como abogado en Londres en 1891 y, como primer trabajo, ejerció en Suráfrica donde se convirtió paulatinamente en defensor de los derechos de las minorías, en medio del monstruoso *apartheid* racista imperante en esa nación.

Por esos empeños legalistas y no violentos sufrió maltratos, cárceles y hasta palizas. Pero nunca renunció a la práctica india del *satyagraha* (el compromiso con la resistencia pacífica).

De regreso a la India continuó sus actividades de abogado de los pobres y los perseguidos, promotor de la armonía entre musulmanes e hindúes, del desarrollo de la industria casera de tejidos *(khadar)*, de comunidades agrícolas y protesta contra la discriminación de la casta de los parias.

La masacre de Amritsar, Punjab, en la cual las tropas coloniales británicas mataron 400 e hirieron a más de mil ciudadanos indefensos, convenció a los líderes de la India Gandhi y Jawaharlal Nehrú, entre otros, de arreciar la lucha por la independencia de la nación.

Pero esa lucha para Gandhi fue sin odios ni revanchas, sostenida en el método de la desobediencia civil. Eso trajo grandes éxitos a los independentistas como la Marcha de la Sal (contra el impuesto abusivo a ese producto) de 1931.

Sus huelgas de hambre e insistencia en desobedecer los mandatos colonialistas, hicieron que el amable Gandhi en su vida padeciera más de 2000 días como prisionero (incluso su esposa, la activista *Kasturbay*, murió en prisión en 1943).

Pero nada lo amilanó y siguió su lucha impregnada de amor, hasta que por fin India fue libre del dominio inglés en 1947.

Gandhi fue influido por los ejemplos del anglosajón Ruskin, los norteamericanos Lincoln y Thoreau, el ruso León Tolstoi y la lectura de libros sagrados *Bhagavadgita* (hindú) y la *Biblia* judeo-cristiana.

Un fanático asesinó a Mahatma Gandhi en 1948. Su discípulo y primer ministro Nehrú se lamentó:

«La luz que iluminaba nuestras vidas se extinguió».

LVIII

NICARAGUA Y LOS POETAS

Nicaragua, situada casi en el mero centro de la mitad del medio de Centroamérica, ribereña de dos océanos y salpicada de lagos y volcanes, maltratada por déspotas como los Somoza y Daniel Ortega, es sobre todo tierra de poetas.

Mencionaremos apenas cuatro de ellos:

RUBÉN DARÍO (1867-1916).

Félix Rubén García Sarmiento, el más grande los poetas hispanoamericanos desde que hablamos en castellano y también, el primero que como padre de la escuela literaria del *modernismo*, influyó sobre los escritores europeos, fue un nica deslumbrante.

Solo diremos que veneró a los llamados poetas malditos franceses (*Baudelaire, Rimbaud, Verlaine...*) y que como ellos, vivió una vida pecaminosa de amores, bohemia, licores y nocturnidad.

Y que igual a Jorge Luis Borges y León Tolstoi, le escamotearon el premio Nobel de Literatura; entre sus obras destacan *«Cantos de vida y esperanza», «Los raros», «Azul», «Prosas profanas», «El canto errante», «El poema de Otoño»*...

Pero como a los poetas es mejor presentarlos con sus versos, les entregamos la arrancada de sus *«Cantos de vida y esperanza»*:

«Yo soy aquel que ayer nomás decía / el verso azul y la canción profana, / en cuya noche un ruiseñor había / que era alondra de luz por la mañana.

El dueño fui de mi jardín de sueño, / lleno de rosas y de cisnes vagos; / el dueño de las tórtolas, el dueño / de góndolas y liras en los lagos; / y muy siglo diez y ocho, y muy antiguo / y muy moderno; audaz, cosmopolita; / con Hugo fuerte y con Verlaine ambiguo, / y una sed de ilusiones infinita...».

PABLO ANTONIO CUADRA (1912-2002).

Poeta, ensayista, dramaturgo, periodista, crítico de arte y literario y folclorista, este nica telúrico y valiente, dirigió el emblemático diario *«La Prensa»* de Managua (de la también valerosa familia Chamorro), en tiempos de la primera histeria del sandinismo de Daniel Ortega.

En sus poemas fluyen lo lúdico y vernáculo, con nuevas búsquedas de ritmo y formas desafiantes. Entre sus poemarios podemos mencionar *«Cantos de pájaro y señora»* y *«Poemas nicaraguenses»*.

Fue director de la Academia de la Lengua Española de Nicaragua, además de Premio Interamericano de Cultura Gabriela Mistral, de la OEA.

He aquí un poema suyo:

«Tres pájaros soy y trino. / De pluma si escribo y amo / De luna si bebo vino / De sombra si vivo en vano /Más vale pájaro en mano».

ERNESTO CARDENAL (1925-2020).

Este cura rebelde y romántico de la orden de Circe, hizo estudios en la universidades de México, Columbia (Nueva York) y de teología con los monjes trapenses de Kentucky (EEUU) y en Cuernavaca (México) y Medellín (Colombia).

Adicto a la *Teología de la Liberación*, de influencia marxista, tuvo un período como ministro de la primera dictadura de Daniel Ortega.

Entre sus obras relevantes están *«El evangelio de Solentiname»* (isla en el lago de Nicaragua o Cocibolca), *«El estrecho dudoso»*, *«Salmos»*, *«Vida en el amor»*, *«Homenaje a los indios americanos»*, *«Epigramas»*…

Fue miembro de la Academia de la Lengua Española de Nicaragua y de la de Artes de Berlín (Alemania).

Al final rompió con Ortega pero nunca dejó de admirar al déspota cubano Fidel Castro.

Veamos su *«Salmo 1»*:

«Bienaventurado el hombre / que no sigue las consignas / del partido / ni asiste a sus mítines / ni se sienta en la mesa / con los

gangsters / ni con los generales en el / Consejo de Guerra / Bienaventurado el hombre / que no espía a su hermano / ni delata a su compañero / de colegio / Bienaventurado el hombre / que no lee los anuncios / comerciales / ni escucha sus radios / ni cree en sus eslogans / Será como un árbol plantado /junto a una fuente».

GIOCONDA BELLI (MANAGUA 1948).

De recónditas simpatías sandinistas, Gioconda Belli Pereira en el 2023 fue despojada ilegalmente de su nacionalidad nicaragüense, por la dictadura Ortega-Rosario Murillo (y ha adquirido las chilena e italiana).

Ha destacada en la novela y poesía. Entre otros galardones obtuvo el *Biblioteca Breve* (España), *Casa de las Américas* (Cuba) y *Sor Juana Inés de la Cruz* (México).

Es una escritora prolífica:

«La mujer habitada», «El país de las mujeres», «El pergamino de la seducción», «El país bajo mi piel», «Sofía de los presagios», «El infinito en la palma de la mano», «El taller de las mariposas», «Las fiebres de la memoria», «Waslala», «Sobre la grama»…

«La mujer habitada» fue reconocida en Alemania como la Novela Política del Año (1989). Belli es también miembro de la Academia de la Lengua Española de Nicaragua.

Vamos a escucharla de su propia voz:

«Déjame que esparza / manzanas en tu sexo / néctares de mango / carne de fresas; / Tu cuerpo son todas las frutas / Tu cuerpo es el paraíso perdido / del que nunca jamás ningún / Dios / podrá expulsarme».

LIX

ZELENSKI HEROE DE ESTE TIEMPO

Al dictador imperialista ruso, Vladimir Putin, le place vender una imagen de **lobo feroz**, pero después de casi dos años de su nueva agresión a Ucrania, el mundo lo percibe como un **coyote apaleado**.

Con su invasión genocida, Putin logró el milagro de convertir en tiempo record, al joven presidente de Ucrania, **Volodimir Zelenski** (nacido en 1978), en un héroe global de la libertad.

Actor, abogado, político, guionista, productor y empresario de radio y tv, Zelenski accedió a la presidencia de Ucrania en 2019, como una protesta popular a la corrupción e ineficacia del gobierno de Petro Poreshenko.

Es posible que la gestión de Zelenski, decente pero modesta, no hubiera pasado a la historia de Ucrania, de no ser por las acciones criminales de las tropas rusas invasoras.

Y es que como mandatario el ucraniano ha demostrado inteligencia y coraje, con la frase *«necesito municiones, no un paseo»*, rechazó la proposición de los presidentes de Estado Unidos y Turquía, de sacarlo de Kiev para protegerlo.

Entre las necias justificaciones de Putin para invadir a Ucrania estuvieron:

Avalado por la Iglesia Ortodoxa rusa, afirmó que era *«voluntad de Dios»*, que Ucrania volviera al dominio ruso, como en los tiempos de los zares y del comunismo soviético. (El papa Francisco ante la genuflexión del Patriarca Ortodoxo ruso, le recomendó no convertirse en un «monaguillo» de Putin).

El dictador ruso dijo también que la aspiración del pueblo ucraniano a pertenecer a la Unión Europea y a su pacto de defensa común, la OTAN, era una amenaza para la seguridad rusa. Una falacia porque la

OTAN con respecto a Rusia, tiene propósitos disuasivos y no agresivos.

Que era necesario «**desnazificar**» a Ucrania. Otro desatino porque en la lucha contra los nazis en la II Guerra Mundial, murieron millones de ucranianos. Además, Volodimir Zelenski es un **judío** cuya familia perdió a muchos de los suyos en el Holocausto ejecutado por Hitler y sus esbirros.

En esta guerra han muerto ya más de 200 mil rusos y muchos militares y civiles ucranianos. Zelenski se ha crecido como Comandante en Jefe del bravo pueblo y ejército de Ucrania. Ha sabido gerenciar el decidido apoyo de los gobiernos de Estados Unidos, Europa, Australia, Japón, Taiwán, Canadá y resto de las naciones democráticas del planeta.

Además, en sus comparecencias ante los parlamentos libres del mundo y la ONU, Zelenski se ha revelado como un orador sereno, contundente y persuasivo.

Con razón dice la señora Ursula von der Leyen, presidenta de la Comisión Europea, que **en Ucrania se juega hoy el destino de la humanidad.**

LX

KONRAD ADENAUER Y LUDWIG ERHARD, ALEMANES MODELICOS.

Después del desastre del Tercer Reich alemán (Adolfo Hitler) en la II Guerra Mundial, dos hombres fueron claves para el rescate democrático y la reconstrucción económica alemana, Konrad Adenauer (católico) y Ludwig Erhard (luterano).

KONRAD HERMANN JOSEPH ADENAUER (1876-1967).

Abogado y político social cristiano, Adenauer fue Alcalde de Colonia y Presidente del Consejo de Estado de Prusia, antes de la II Guerra.

Al rendirse las tropas germanas en 1945, Konrad se elevó como Canciller (Primer Ministro) del país entre 1949 y 1963. Algunos de sus logros desde esa función cimera son de resaltar:

Trabajó con éxito para la reconciliación con Francia y los Estados Unidos.

Fue uno de los padres fundadores de la Unidad Europea.

Consolidó a Alemania como una república federal, democrática, próspera, moderna y como estado social de derecho.

Compartió con su ministro Erhard el mérito de la reconstrucción económica de la nación *(El Milagro Alemán).*

Convirtió a su partido CDU (Demócrata Cristiano) en una referencia libertaria del pueblo alemán.

Incorporó a Alemania a la OTAN, pacto defensivo frente a la amenaza comunista soviética.

Como social cristiano fue un artífice de la política como actividad laica, no confesional.

A pesar de los extremistas alemanes de derecha e izquierda y de las reticencias de algunos dirigentes anti judíos, convino en pagar a Israel una reparación económica por el Holocausto Nazi.

Sus 14 años en el poder solo son menos que los 19 del Canciller de Hierro Otto von Bismarck (siglo XIX) y los 16 del también demócrata cristiano, Helmut Kohl (siglo XX).

LUDWIG WILHEM ERHARD (1897-1977).
Economista y político social cristiano, también dirigente del partido CDU, fue el artífice del Milagro Alemán como ministro de Economía de Konrad Adenauer, durante los años de la gestión de ambos (1949-63).

Después de masivos bombardeos de sus principales ciudades, infraestructuras e industrias, Alemania quedó en ruinas. Reconstruir su economía era un reto titánico. Pero contaron con la ayuda norteamericana del famoso Plan Marshall y, sobre todo, con la sabiduría de Lugwig Erhard como economista académico (fue profesor de varias universidades) y práctico.

Erhard diseñó y ejecutó la estrategia denominada Economía Social de Mercado. Una política interesada en estabilizar la moneda y racionalizar el gasto público, sacar gente de la pobreza sin arruinar a los ricos, crear una clase media ancha y poderosa, de propietarios y no limosneros del estado.

Esa exitosa política de responsabilidad social con propiedad y empresas privadas, de libre mercado y garantías para que todos puedan competir en igualdad de condiciones, de capitalismo solidario y compasivo, es hoy en día un modelo para las naciones ávidas de desarrollo integral.

Los humanistas cristiano actuales, queremos llamar al programa de Erhard, Economía Social y **Ecológica** de Mercado.

Gracias a Adenauer y Ludwig Erhard, el capitalismo moderno pudo demostrar superioridad sobre la superstición comunista. No se debe olvidar que en esos tiempos Alemania tenía una zona libre, la de los dos estadistas democráticos, y una despótica y ruinosa, la controlada por los comunistas rusos.

Los alemanes Adenauer, Erhard, Kohl, Angela Merker, los italianos Alcide De Gásperi, Amintore Fanfani y Aldo Moro, los chilenos Patricio Alwyn y Eduardo Frei, los venezolanos Rafael Caldera, Luis

Herrera Campins y Arístides Calvani, el salvadoreño Napoleón Duarte, el español José María Aznar, el hondureño Vinicio Cerezo, el panameño Ricardo Arias Calderón, los mexicanos Manuel Gómez Morín y Vicente Fox, el cubano José Ignacio Rasco, el francés Robert Schuman, están entre los social cristianos contemporáneos emblemáticos.

LXI

«CAPITANES AMERICA»: DEREK JETER Y LANDON DONOVAN

En la constelación de deportistas estelares que en Estados Unidos han sido, es de brote pronto mencionar a dos proclamados en sus respectivas disciplinas como Capitanes América: *Landon Timothy Donovan y Derek Sanderson Jeter.*

LANDON DONOVAN.
Reconocido como el más grande de los jugadores norteamericanos de la Major League Soccer **MLS** (Liga de Fútbol profesional de EEUU) de todos los tiempos, este joven californiano destaca entre figuras nativas y foráneas:
Los pioneros:
O Rei Pele, el kaiser Beckenbauer, Partenaude, Gaetjens, Talles Magno, Boupendza, Meola, Lalas, Arena, Ghinaglia, Nene Cubillas, Valderrama, Balboa, Cobi Jones, Bocanegra, Tab Ramos, Bradley, Etcheverry, Pirlo, Drogba...
Y los más recientes:
Pulicic, Ibrahimovic, Bale, Chicharito, Wynalda, Cuauthemoc, Beckham, Kaka, Costa, Shakiri,
Dempsey, Josef Martínez, Dest, Weah, Adu, Altidore, Bedoya, Damarcus, Harkes y desde luego el deseado **Lionel Messi**...
E incluso las campeonísimas:
Alex Morgan, Megan Rapinoe, Carli Lloid, Abby Wambach, Julie Foudy, Ashley Sánchez...
Los números de Donovan como lujoso mediocampista ofensivo, son concluyentes:
Participación en 13 juegos de estrellas; primero en asistencias con 136 y segundo en goles con 147; 340 partidos; seis copas de liga (dos con San Jose Earthquakes y cuatro con Los Angeles Galaxy)...

Y en la Selección Nacional de Estados Unidos su actuación no fue menos fulgurante:

Es el segundo en apariciones con la camiseta de *«las barras y las estrellas»* (157), solo detrás de Cobi Jones (164); empatado con Clint Dempsey como mejor goleador, ambos con 57; y permanente capitán de la oncena nacional.

Además alineó con los equipos europeos Bayern Leverkusen, Everton y Bayern de Munich.

Por esos logros al jugador más valioso del año en la **MLS**, se le concede el *Premio Landon Donovan*.

DEREK JETER.

Este pelotero usó durante toda su carrera de grandeliga el dorsal 2 de los Yanquis de Nueva York.

En verdad este carismático mestizo (padre afroamericano y madre de origen irlandés-alemán) nació para vestir la camiseta del equipo del Bronx. Se dice que cuando su maestro de primaria preguntó a los alumnos qué querían ser de adultos, Derek respondió:

—*Yo voy a ser shortstop de los Yankees de New York,*

Ese sueño se le cumplió el 29 de mayo de 1995.

Elevado al Salón de la Fama del béisbol en el 2021, antes de comenzar con los Yanquis el scout que lo firmó aseguró:

—*El único sitio donde realmente irá Jeter es a Cooperstown.*

He aquí un resumen de los alcances de Jeter en 19 temporadas, que lo llevaron al *Hall of Fame* de *Cooperstown*:

3465 imparables; 1923 carreras anotadas; 1311 carreras impulsadas; 1082 bases por bolas; 544 dobles; 66 triples; 358 bases robadas; 260 jonrones; **310** de promedio final al bate; participacion en **14** juegos de estrellas; 5 guantes de oro; **5** anillos de Serie Mundial; Novato del Año en 1996; 5 bates de plata; dos premios Lou Gehrig y dos Hank Aaron; **premio Roberto Clemente** en el 2009; promedio de 321 en series mundiales...

Este campocorto elegante y «joseador», bautizado por los cronistas como «Mister November», destella también en la galería de los yanquis más excelsos:

Babe Ruth, Lou Gehrig, Joe Dimaggio, Mickey Mantle, Yogi Berra, Whitey Ford, Mariano Rivera, Reggie Jackson, Dave Winfield, Don Mattingly, Casey Stengel, Joe Torre, Bernie Williams, Thurman Munson, Willie Randolph y ahora Aaron Judge...

A Derek Jeter su madre en la infancia le enseño:

—*No se puede usar la frase no se puede.*

LXII

ALFONSO «CHICO» CARRASQUEL, ORESTES «MINNIE» MIÑOSO Y EL RACISMO.

El primer pelotero latinoamericano en participar en un juego de estrellas del béisbol de grandes ligas, fue el venezolano Alfonso Carrasquel Colón, el *«Chico»*. El segundo fue el cubano Saturnino Orestes Armas Miñoso Arrieta, *«Minnie»*.

Eso ocurrió en 1951. Ambos estelares jugaban para los Medias Blancas de Chicago.

Al entrevistar, para un libro que nunca se escribió,

al Chico Carrasquel, quien había sido mi manager en el béisbol liceísta, me dijo con pesadumbre:

—*Cuando nos deteníamos en la carretera para almorzar, en las giras de nuestro equipo, yo tenía que comprarle la comida a Minnie Miñoso y llevársela al autobús, porque en esos tiempos no le permitían a los negros entrar a los restaurantes.*

Eran los años cincuenta de la pasada centuria y persistía la abominable segregación racial.

El Chico y Minnie estuvieron hermanados por la pelota. Les ofrecemos un perfil de cada uno.

Alfonso Carrasquel (1926-2005)

Con este caballero comenzó la tradición de shortstops venezolanos deslumbrantes en las grandes ligas:

Carrasquel, Luis Aparicio, David Concepción, Alvaro Espinoza, Gustavo Polidor, Carlos García, Oswaldo Guillén, Omar Vízquel, Elvis Andrus…

Carrasquelito, como también lo llamaban los aficionados, para distinguirlo de su tío el Patón Carrasquel, primer venezolano en jugar en las ligas mayores (con los Senadores de Washington), comenzó su carrera en la pelota profesional venezolana en 1946 y fue el primero en conectar un jonrón en esa liga.

Además de los Medias Blancas, alineó con los Indios de Cleveland, Atleticos de Kansas City y Orioles de Baltimore. Al retirarse se convirtió en exitoso manager en la pelota del Caribe, al extremo que en 1982 ganó con los Leones del Caracas, la prestigiosa Serie del Caribe.

Carrasquel fue además manager de los Navegantes del Magallanes, Tigres de Aragua y Aguilas del Zulia.

En reconocimiento a su ilustre carrera, el estadio de Puerto la Cruz, estado Anzoátegui, Venezuela (sede del equipo Caribes de Oriente), fue bautizado como Alfonso Chico Carrasquel.

Orestes Miñoso 1925-2015

Durante cuatro décadas (1949-80), apareció el cubano Miñoso en las grandes ligas, siempre con su juego alegre, pimientoso y tan comprometido que en su tiempo se hablaba de jugar a lo «Miñoso».

Fue el primer latino negro en entrar a las grandes ligas (Indios de Cleveland). Y el primer negro en jugar con el Chicago White Sox. Aunque era obvio que lo merecía más que el ganador, en su primera temporada **no obtuvo la distinción de Novato del Año**.

Participó en 7 juegos de estrellas; tuvo un promedio vitalicio de bateo de 280 puntos; cuatro veces impulsó más de 100 carreras; en diez campañas fue el bateador más golpeado por los lanzamientos; y fue el último de los pioneros negros en jugar en el béisbol mayor.

A pesar de su brillante desempeño, Orestes Miñoso tuvo que esperar hasta el 2022, para su ingreso póstumo al Salón de la Fama, impulsado por unos veteranos del denominado Comité de los días de Oro del béisbol.

LXIII

EL PEINADO DE DON KING

Durante varias décadas el boxeo norteamericano, y por ende el mundial, estuvo dominado por los promotores Bob Arum y Don King.

Este deporte llamado, entre otros por Buck Canel, como de las *narices chatas y las orejas coliflores*, por el despiadado efecto de los golpes, ha conocido grandes figuras, pero la más excelsa de todas fue Cassius Clay o Muhammad Alí, quien prácticamente rescató de la decadencia a esa ruda actividad.

Hoy el marketing abusivo y la aparición de deportes más crueles, con mayor capacidad de complacer la morbosa necesidad de violencia de un nutrido segmento del público, le está confiscando el «encanto» al boxeo.

Jack Dempsey, Primo Carnera, Gene Tunney, Joe Louis, Rocky Marciano, Kid Chocolate, Sugar Ray Robinson, Jackie la Motta, Floyd Paterson, Archie Moore, Ingemar Johansson, Marcel Cerdan, Gene Fullmer, Mantequilla Nápoles, Carlos Ortiz, Carlos Morocho Hernández, Joe Medel, fueron en tiempos pretéritos grandes atracciones.

En las últimas décadas del reino de Muhammad Alí, su entrenador Angelo Dundee y su promotor Don King, han cumplido roles rutilantes, entre otros, Sugar Ray Leonard, Mano e' Piedra Durán, George Foreman, Julio César Chávez, Joe Frazier, Mike Tyson, Wilfredo Benítez, Evander Holyfield, Lennox Lewis, Wilfredo Gómez, Luis Lumumba Estaba, Carlos Monzón, Floyd Mayweather (casi todos bajo la égida de Don King y varios de ellos denunciándolo por malos tratos y hasta posibles estafas).

Don King, con pasado dudoso (tuvo preso por homicidio y se le llegó a relacionar con la familia mafiosa Gambino), polémico, extravagante, carismático y perseverante, ha sido protagonista del boxeo como espectáculo desde que se inició en 1954.

Su estilo y atuendos llamativos y su **cabellera alborotada**, han ayudado a la leyenda del promotor. La pelea más exitosa que organizó, fue el encuentro en 1974 entre Alí y George Foreman en Zaire, antiguo Congo belga (el escritor norteamericano Norman Mailer, describió magistralmente esa pelea en su novela «**El Combate**»).

Fue precisamente cuando narraba esa contienda de Zaire, que al subir al ring Don King para saludar a los pugilistas, el comentarista cubano Gonzalo López Silvero dijo desde la pantalla de TV, refiriéndose a la cabellera del famoso promotor:

—*Acaba de subir al cuadrilátero Don King, como ustedes pueden apreciar ese caballero se peina con un traki traki...*

(Los traki trakis son esos alborotadores y ruidosos petardos navideños)

LXIV

BILL CLINTON, LA JUEZA SOTOMAYOR Y LA HUELGA DE PELOTEROS

El comentarista venezolano Juan Vené, doctor en béisbol, más de una vez se ha lamentado en público por el daño que la huelga de 1994-95, le hizo al prestigio y popularidad de ese deporte, que era el primer pasatiempo de los norteamericanos en aquellos años.

Nos dice Vené:

—*No fue una huelga sindical ordinaria. Entre obreros y patrones, sino una lucha entre los millonarios dueños de los equipos y los también millonarios peloteros.*

Después de eso el Fútbol Americano superó en afición al béisbol y ahora, corre el riesgo de ser pronto aventajado por el fútbol verdadero (soccer) y hasta por el basketball.

La intransigencia de los propietarios, el comisionado de la liga, Bud Selig y el caudillo de los peloteros, Donald Fehr, hizo que la pérdida económica sobrepasará los 2.500 millones de dólares (Por todo lo que se dejó de cobrar y de vender en los estadios, medios de comunicación, salarios…).

El presidente Bill Clinton y la jueza Sonia Sotomayor, hoy magistrada de la Corte Suprema de Justicia de EEUU, grandes aficionados a la pelota, tuvieron una actuación de provecho y notoriedad para poner fin a la disputa.

Ante el desconcierto de los fanáticos, la huelga se desarrolló entre el 12 de agosto de 1994 y el 25 de abril de 1995. Por eso no hubo Serie Mundial en el 94 y en el 95, sólo se pudieron jugar 144 de los 162 partidos del calendario tradicional.

Clinton concluyó sus gestiones presidenciales con una alta popularidad y a la magistrada Sotomayor, le correspondió juramentar a la vicepresidenta Kamala Harris, cuando esta ascendió al cargo en el 2021.

Mientras tanto el béisbol lucha día a día, por recuperar el sitial de vanguardia deportiva que despilfarró en 1994-95.

LXV

LA MADRE DE CR-7

Uno de los futbolistas más excitantes de las últimas décadas nació el 5 de febrero de 1985 en Sao Pedro, Funchal, Madeira, Portugal y responde al nombre de Cristiano Ronaldo Dos Santos Aveiro.

En mi libro publicado en el 2018, *«El fútbol es como la vida, pero mejor»*, lo presento así:

> *«Nunca tuvo el balompié mundial un jugador tan disciplinado, concentrado en el juego y en su preparación física, vocación ganadora y eficiencia goleadora, como este muchacho de infancia proletaria en Funchal, Madeira...».*

Esa pasión y profesionalismo han llevado a este delantero extremo izquierdo, siempre con el dorsal 7, a protagonizar una carrera deslumbrante, llena de logros en escenarios diversos:

Estrella de los equipos Sporting de Lisboa, Manchester United, Real Madrid, Juventus de Turín y All-Nassr de Arabia Saudita.

Ganador de 4 copas de Campeones de Europa (cuatro con el Real Madrid y una con Manchester United).

Ganador de 5 Balones de Oro y cuatro Botas de Oro europeas.

Mas partidos jugados (187), goles (141) y asistencias (42) en las Copas de Campeones de Europa (además de más goles en una Copa, 17 en la 2013-14; y el único en conectar goles en 6 Copas consecutivas).

Mas goles con el Real Madrid (450 en 9 temporadas).

Mas goles de por vida hasta ahora (2023) 838.

Con la Selección Nacional de Portugal: 123.

Máximo goleador histórico y más partidos jugados con la oncea lusitana..

Ha participado en 5 Eurocopas y 5 Mundiales.

Ganó la Eurocopa en 2016 y la Liga de Naciones en la cita 2018-2019.

Declarado como Mejor Jugador Portugués de todos los tiempos (de un país que ha producido estrellas inmortales como Eusebio y Luis Figo).

Pero en nuestras naciones del mundo iberoamericano, es corriente que las madres jueguen un papel decisivo en el crecimiento y desarrollo de los hijos.

Tal ocurre con Cristiano Ronaldo y su mamá (María Dolores Dos Santos Aveiro), una señora muy humilde, llena de hijos, pero recia y voluntariosa que le inspiró a CR-7, el espíritu competitivo y ganador, la inclinación a no rendirse jamás y a mejorar partido tras partido.

LXVI

SUPERDOTADOS Y ZAPATOS MAGICOS

En los años 60 y 70 del pasado siglo, en la Venezuela hasta ese entonces solo beisbolera y pugilística, floreció una generación de atletas de éxito continental: *los Superdotados*.

Eso fue posible por el apoyo de los gobiernos democráticos, el «semillero» de deportistas estimulado por las empresas petroleras foráneas, el desarrollo de los Juegos universitarios y escolares y, es necesario resaltarlo, la presencia del entrenador húngaro Ladislao Lazar, refugiado en Venezuela por la persecución de la dictadura comunista de su país.

En la memoria del público persistían los nombres de figuras como Asnoldo Devonish, Brígido Iriarte y la inolvidable gacela Gisela Vidal.

Entre los superdotados es justicia recordar, entre otros a:

Horacio Esteves, primer latinoamericano y tercero en el mundo en correr los 100 metros planos en 10 segundos exactos.

Los también velocísimos Rafael Romero, Arquímedes Herrera, Llooyd Murat, Hortensio Fusil, Andrew Fawre, Arístides Pineda, Clyde Bonas...

Los decatlonistas Héctor Thomas y Roberto Caravaca, los vallistas Jimmy Maldonado, Lancelot Bob y Teófilo Ball, los fondistas y de otras especialidades, Danilo Ceriali, Leslie Montiel, Jesús Rodríguez y los saltadores Alves Thomas, José López y John Muñoz.

Este último, campeón de salto largo en muchos torneos nacionales e internacionales, es el protagonista principal de la anécdota de los *zapatos mágicos*.

Ocurrió así:

Luis Mono Zuloaga, antiguo lanzador zurdo de la novena de béisbol Cervecería Caracas, a finales de los 50 había fundado, junto a su compañero de equipo, Alfonso Chico Carrasquel, una tienda deportiva.

El Mono, amigo de John Muñoz, le trajo de regalo de Nueva YorK unos *Adidas*, lo más moderno en materia de zapatos deportivos para entonces. Con el uso del mismo par de zapatos, los atletas criollos Muñoz, Rafael Romero, Jimmy Maldonado, Arístides Pineda y Clyde Bonas, ganaron medallas de oro en sus respectivas disciplinas.

Tal cosa sucedió en los Juegos Bolivarianos celebrados en Barranquilla, Colombia en 1961.

Jesús Elorza, histórico líder de los entrenadores deportivos venezolanos, nos recordó que algo parecido pasó con la marca *Nike,* que aprovechó que *Adidas* no quiso contratar como deportista emblemático a Michael Jordan, para darle a él la representación de su marca de zapatos y, de ese modo, convertirse en empresa de tanto éxito en su ramo, que gracias a el nombre *Air Jordan, Nike* logró uno 3 mil millones de dólares y el inmortal basquetbolista de los *Chicago Bulls*, más de mil millones.

LXVII

MANE GARRINCHA, VINICIUS JR Y EL RECHAZO AL JOGO BONITO

El fútbol (balompié, soccer, Calcio, futebol) contemporáneo, se ha convertido cada vez más en un deporte atlético, de velocidad y resistencia física, que de habilidad, estilo y creatividad *artísticas*.

Eso puede ser la causa de que una desesperante cantidad de periodistas y comentaristas deportivos, sobre todo en España, no esconden su repulsión a lo que los brasileros llaman *O Jogo Bonito* (Juego Bonito).

Incluso, algunos llegan a considerar que los que practican las gambetas y la habilidad, «irrespetan» a los jugadores contrarios y por eso merecen las patadas que reciben, especialmente de los defensores mediocres.

La más alta expresión histórica del regate o dribbling, fue el carioca **Francisco Manoel Dos Santos, Mané Garrincha** (1933-1983).

Este puntero derecho estelar del Botafogo de Río de Janeiro y de la Selección Nacional de Brasil, a pesar de sus desventajas (nació con una pierna más corta que la otra y otros fallas físicas), tenía una velocidad, visión de juego, sentido de colocación y dominio del balón a la hora de Gambetear, que era poco menos que imposible pararlo.

Su compañero de selección, Pelé, llegó a afirmar que lo que hacía Garrincha era irrepetible. Por cierto, Mané con la Canarinha ganó dos mundiales: Suecia 58 y Chile 62 (en este fue reconocido como el jugador más valioso).

La dupla **Pelé-Garrincha** fue invencible. Brasil nunca perdió en los 40 partidos en los que ellos jugaron juntos en la selección nacional.

Recientemente apareció otro jugador carioca que, como Garrincha, también luce el dorsal 7 en la camiseta. Se trata del puntero izquierdo originario de la cantera del Flamengo de Río y nacido en el año 2000, **Vinicius José Paixáo de Oliveira junior** (Vinicius Jr o Vini Jr).

Vinicius que saltó a las marquesinas a los 16 años, en el Campeonato Suramericano Sub 17, del 2017, y en su debut con Flamengo en un *Fla-Flu* (derby entre el Flamengo y el Fluminense de la Liga Carioca), a partir del 2018 (después de una pasantía por el Castilla) y unos inicios más bien erráticos con el primer equipo, se ha convertido en un delantero de brillo mundial en el prestigioso Real Madrid español.

Pero Vini Jr ha tenido que soportar la extrema presión de los «titanes» de las redes sociales y comentaristas deportivos españoles mencionados *ut supra*.

Ellos consideran que la magia regateadora del joven carioca, es un insulto a los defensas contrarios que, en consecuencia, tienen todo el derecho a patearlo.

El público europeo maduro y exigente, aprecia y disfruta *O Jogo Bonito* de Vinicius, como antaño ocurría con todos los públicos que vieron jugar a Mané Garrincha.

Y lo más despreciable de todo, es la velada justificación de las ofensas y cánticos racistas contra Vini Jr, provenientes de hinchas del Atlético de Madrid, Mallorca, Valencia, Valladolid y algunas otras oncenas.

LXVIII

CAPABLANCA, KASPAROV Y OTROS MAESTROS DEL AJEDREZ

El único hispano que hasta el sol de hoy ha disfrutado la distinción de ser Campeón Mundial de Ajedrez, el juego creado en la India en el siglo VI después de N. S. Jesucristo, fue el cubano **José Raúl Capablanca y Graupera** (La Habana 1888-Nueva York 1942).

Este caballero maestro precoz del juego ciencia, fue llamado «el Mozart del ajedrez», «la máquina del ajedrez» y otros elogios, por su juego sencillo, eficiente y desde luego ganador (el gran maestro norteamericano Bobby Fischer llegó a alabar su *toque ligero*).

A los 13 años ya Capablanca era campeón de Cuba. En 1921 conquistó la corona mundial en una serie de partidas con el alemán Emmanuel Lasker. Mantuvo su título hasta 1927, cuando lo perdió en Buenos Aires, Argentina, con el ruso Alexander Alekhine.

Pero además de maestro en el tablero, Capablanca fue un hombre elegante y culto, miembro del servicio diplomático cubano y políglota (hablaba cinco idiomas).

El ajedrez ha conocido grandes maestros además de los ya nombrados:

Tigrán Petrosián (Armenia), Anatoli Karpov (con quien pude conversar en una visita que hizo a la Universidad Central de Venezuela) y Boris Spassy (Rusia), Magnus Carlsen (Nouega), Bobby Fischer (Estados Unidos-Islandia), Wiswanathan Anand (India) y el actual monarca mundial, el chino Ding Liren.

Pero nos parece merecer mención aparte **Garry Kasparov** (Azerbaiyan-Rusia-Croacia), quien logró ser el más joven en obtener el campeonato mundial al vencer en 1985 a Anatoli Karpov (mantuvo su título hasta el año 2000, cuando lo perdió ante el ruso Vladimir Kramnik).

Kasparov, también escritor y político, ha sido un gran baluarte en la defensa de la libertad maltratada por el dictador ruso Vladimir Putin. Por su defensa de los derechos humanos, Garry Kasparov recibió un reconocimiento de la Organización de Naciones Unidas (ONU).

LXIX

MICKEY MANTLE, WILLIE MAYS Y LOS $ 100 MIL

La rivalidad histórica del béisbol de grandes ligas ha tenido dos frentes: Yanquis de Nueva York contra Medias Rojas de Boston, en la Liga Americana; y Yanquis contra los Dodgers de Los Angeles en series mundiales.

Pero en la década de los 60 se trasladó a Yanquis contra Gigantes de San Francisco, por la presencia de dos jardineros centrales super estelares en ambos equipos: Mickey Mantle en los Yanquis y Willie Mays en los Gigantes (primero fueron también de Nueva York y después se mudaron a San Francisco).

MICKEY CHARLES MANTLE (1931-1995).
Considerado el mejor bateador ambidextro de la historia, este jugador forma parte de un elenco de grandes toleteros en los anales de los Yanquis de Nueva York, ejemplos:

Babe Ruth, Lou Gehrig, Joe DiMaggio, Yogi Berra, Elston Howard, Roger Maris, Reggie Jackson, Rickey Henderson, Thurman Munson, Bernie Williams, Don Mattingly, Derek Jeter, Aaron Judge...

El popular Mickey que lucía el número 7 en su camiseta (número posteriormente retirado por el equipo). Acosado por el fantasma de las lesiones, amasó números y records que lo llevaron al Salón de la Fama de Cooperstown en 1974 (el desarrolló toda su carrera con los Mulos de Manhattan, entre 1951-68).

Veamos su desempeño en esas temporadas:

Participó en 20 juegos de estrellas, tres veces declarado jugador más valioso de la Liga Americana, ganó un guante de oro, en 1956 la Triple Corona (más jonrones, carreras impulsadas y promedio al bate), 4 años encabezó la liga en jonrones y 1 en carreras impulsadas...

Además ganó 7 series mundiales y en esos clásicos de octubre acumuló records en jonrones, extrabases, carreras impulsadas, bases por bolas y bases alcanzadas.

Mantle fue un pelotero superdotado: gran poder al bate, brazo fuerte y seguro, velocidad, buen contacto en el plato y espíritu ganador.

Además de 1956 año de su Triple corona, 1961 fue grandioso para él y los Yanquis, porque se enfrascó con su compañero Roger Maris en un duelo para superar el record de 60 jonrones de Babe Ruth en una temporada.

Al final Maris batió la marca con 61 jonrones y Mantle por una lesión tuvo que retirarse cuando iba por 54.

WILLIE HOWARD MAYS JR (1931).

Jugó como grandeliga entre 1951 y 73 (21 campañas con los Gigantes de Nueva York y San Francisco y 1 con los Mets de Nueva York).

Se le considera como el segundo mejor bateador de todos los tiempos, solo por detrás de Babe Ruth. Ingresó al Salón de la Fama en 1979 y sus números lo avalan:

660 jonrones, 24 juegos de estrellas, 12 guantes de oro, 2 veces más valioso de la Liga Nacional, 1 Serie Mundial, en 1951 fue Novato del Año, en 1954 ganó el titulo de bateo, en 1971 recibió el premio Roberto Clemente…

Al retirarse de las grandes ligas tanto Mantle como Mays tuvieron comportamientos dudosos sancionados por sus ligas. El primero por su afición a la nocturnidad y la bebida; y Willie por su compromiso con un casino de Atlantic City, lo que se consideró incompatible con su condición de pelotero profesional.

Hoy en día los mejores jugadores de las mayores ganan salarios siderales. En los tiempos de ellos fue un acontecimiento cuando ambos lograron contratos de 100 mil dólares por campaña. Cuando un periodista le preguntó a Mantle que sentía por obtener ese «alto» sueldo, el yanqui respondió:

—Lo que me sorprende es que me paguen esa cantidad por hacer algo que me gusta tanto, que estaría dispuesto a hacerlo gratis.

LXX

MICHEL PHELPS, DIOS DE LAS AGUAS

Los entendidos nos dicen que la natación, actividad en la que intervienen en conjunción todo el cuerpo y la mente entera, es el deporte más completo.

Nadar, habilidad inevitable para los que viven en riberas de ríos y playas, incluso para los habitantes urbanos, es un ejercicio solitario, exigente y de alta concentración, cuando deja de ser diversión o necesidad y se convierte en práctica deportiva.

En los años 20 del siglo pasado la natación como deporte comenzó a tener resonancia planetaria. Ocurrió cuando el nadador olímpico norteamericano Johnny Weissmuller, ganó cinco medallas de oro y una de bronce en Olimpiadas.

Y sobre todo, cuando Hollywood lo elevó a la fama como protagonista de las películas de Tarzán, ese joven blanco que convivió y «reinó» en el Africa de los tiempos coloniales.

Hoy en día la más alta figura histórica de esa disciplina, el *Dios de las Aguas*, es **Michael Fred Phelps** (1985), llamado por los cronistas deportivos *Bala* o *Tiburón* de Baltimore.

28 medallas olímpicas (23 de oro) en los juegos de Atenas, Pekín, Londres y Río de Janeiro. 26 de oro en campeonatos mundiales. 16 doradas en los juegos PanPacífico. Y con las 8 de oro en los juegos de Pekín, el mayor ganador de oro en una sola Olimpíada (con las cuales superó al judío estadounidense Mark Spitz, que había ganado 7 en los Juegos Olímpicos de Munich 1972).

Más su nombramiento 6 veces como Mejor Nadador del Año, lo acreditan como el mejor de todas las épocas en las piscinas (albercas o piletas) deportivas.

Después de su retiro Phelps ha tenido problemas de alcoholismo y encuentros con la Ley por eso. Pero también ha desarrollado una

Fundación para animar a niños y jóvenes a la práctica de la natación y aprender a llevar una vida saludable.

LXXI

FÚTBOL: EL DEPORTE REY

Desde niño escuchábamos que el Hipismo era el deporte de los reyes, pero la vida nos enseñó que el rey de los deportes es el Fútbol (Soccer, Futebol, Calcio, FuBball...).
Y la preponderancia del fútbol en el ánimo de las muchedumbres tienes varias explicaciones (algunas las escribí en mi libro *«El futbol es como la vida, pero mejor»*:

Es un deporte asequible que se puede jugar en cualquier descampado o playa, hora y clima. Y sobre todo, es fácil de comprender hasta para los más desprevenidos.

Para los niños es fácil por lo barato. No reclama tanto gasto en los instrumentos del juego. Al principio todo lo que se necesita es una pelota que puede ser improvisada.

Como deporte colectivo educa en la colaboración mutua, trabajo en equipo y solidaridad, sin menoscabo de la posibilidad de lucimiento de los *cracks*.

No es obligatorio ser alto y atlético para triunfar. Como veremos la mayoría de las grandes estrellas han sido de contextura normal.

Funciona como un sucedáneo para las violencias y guerras nacionalistas. Sirve para canalizar pacíficamente el patriotismo hiperbólico de las masas.

Es una actividad con reglas claras y justas que generalmente se cumplen. Los excesos o faltas son sancionados.

Y no menos importante: las ligas profesionales y la FIFA han desplegado una envidiable capacidad de mercadeo y de apoyo a las divisiones menores y amateurs.

Y como no es justo hablar de **Un mejor de todos los tiempos**, cada época tuvo su jugador dominante, como el brasilero Leónidas y el uruguayo Obdulio Valera en el pasado.

Pero los últimos períodos fueron marcados por superestrellas como:

ALFREDO DI STEFANO (1926-2014).

La «Saeta Rubia» gano 17 títulos de Liga y siete copas de Europa con el Real Madrid. No pudo jugar en mundiales, pero brilló con las selecciones de Argentina y España (también alineó con el River Plate de Buenos Aires, el Millonarios de Bogotá y el Espanyol de Barcelona).

EDSON ARASTES DO NASCIMENTO (PELÉ) (1940-2022).

«O Rei» fue reconocido en 1999 por el Comité Olímpico Internacional (COI) como el mejor deportista mundial del siglo XX.

Participó en cuatro campeonatos mundiales y ganó tres con la selección de Brasil (Suecia 58, Chile 62 y México 70), marcó la astronómica cifra de 1284 goles en su carrera con el Santos de Brasil, el Cosmos de Nueva York y la Cannarinha.

Recibió honores del Imperio británico, la ONU, UNESCO, UNICEF, FIFA y fue ministro de Deportes de Brasil entre otros numerosos logros.

DIEGO ARMANDO MARADONA (1960-2020)

El «Pibe de oro» brilló con el Argentino Juniors, Boca Juniors, Barcelona, Napoles, Sevilla, Newells Old Boys y desde luego con la albiceleste argentina, con la cual obtuvo un campeonato (México 86) y un subcampeonato mundial (estados Unidos 90) (Ya había obtenido un campeonato mundial juvenil con Argentina en 1979).

De mi libro mencionado ya, *«El fútbol es como la vida, pero mejor»*, es el siguiente párrafo:

«Después de su esplendente y polémica carrera como jugador, Maradona intentó desarrollar una nueva como director técnico de la selección albiceleste y equipos de su país, Dubai y México. Esas experiencias resultaron en fracasos».

El estadio del equipo Nápoles del calcio italiano, lleva el nombre de Diego Armando Maradona.

LIONEL MESSI (1987).

Este rosarino llamado «La Pulga Biónica» ha sido un media punta goleador fascinante. Su palmarés aturde:

Con la selección argentina de la cual es el máximo anotador histórico, ha ganado 1 campeonato mundial (y un sub campeonato), 1 Copa América, 1 Copa Conmmebol, 1 Mundial Sub 20, 1 Suramericano y la medalla de oro en las Olimpíadas de Beijing 2008.

Con el Barcelona de España conquistó 35 títulos, 8 balones de oro, 7 premios FIFA, 7 botas de oro... Además ganó 2 balones de oro en mundiales y un campeonato de la «Ligue» francesa con el París Saint Germain.

Así como en los inicios del fútbol-soccer norteamericano Pelé fue figura determinante, en la actualidad la llegada de Messi al Inter de Miami, se ha convertido en una apoteosis.

Y OTROS JUGADORES HAN SIDO DESLUMBRANTES:

Garrincha, Zico, Ronaldo, Cafú, Roberto Carlos, Ronaldinho, Romario, Dunga, Taffarel de Brasil.

Stabile, Pedernera, Carrizo, Passarella, Valdano, Kempes, Simeone y Riquelme de Argentina.

Beckenbauer, Gerd Muller, Klose, Kroos y Neuer de Alemania.

Al-Owairan de Arabia Saudita.

Sindelar de Austria.

Thibau Courtois de Bélgica.

Etcheverry y Platiní Sánchez de Bolivia.

Stoichkov de Bulgaria.

Milla, Eto y N´Kono de Camerún.

Valderrama, Higuita, Falcao y Asprilla de Colombia.

Drogba de Costa de Marfil.

Keilor Navas de Costa Rica.

Modric, Suker, Rakitic y Prosineki de Croacia.

Figueroa, Zamorano, Medel, Bravo, Vidal y Alexis Sánchez de Chile.

Los Laudrup de Dinamarca.

Aguinaga y Tin Delgado de Ecuador.
Salah de Egipto.
Zamora, Gento, Luis Suárez, Hierro, Iniesta, Xavi, Sergio Ramos, Guardiola, Pujol, Torres, Casillas, Joaquín y Butragueño de España.
Landon Donovan, Tab Ramos, Cobi Jones, Dempsey y Pulisic de Estados Unidos.
Fontaine, Kopa, Platini, Viera, Ribery, Benzema, Deschamp, y Zidane de Francia.
Boateng de Ghana.
Pescaito Ruiz de Guatemala.
Cruyff, Gullit, Van Basten, Koeman, Robben, Van Nistelrooy. Kluivert de Holanda.
Suazo y Palacios de Honduras.
Puskas, Kubala y Kocsis de Hungría.
Charlton, Matthews, Banks, Moore, Beckham, Lineker, Rooney y ahora Bellinghan de Inglaterra.
Los Keane de Irlanda (Eire).
Meazza, Cannavaro, Maldini, Pirlo, Baresi, Ancelotti, Totti, Zoff, Buffon y Rossi de Italia.
George Weah de Liberia.
Hugo Sánchez, Cuauhtémoc, Carbajal, Campos, Chicharito, Márquez, Guardado y Vela de México.
Amunike y Okocha de Nigeria.
Harland de Noruega.
Bale del País de Gales.
Blas Pérez, Rommel y Dely Valdés de Panamá.
Chilavert, Cardozo, Cabañas y Santa Cruz de Paraguay.
Nene Cubillas, Oblitas y Sotil de Perú.
Boniek, Lato y Lewandoski de Polonia.
Eusebio, Figo, Deco, Futre, Baia, Pepe, Rui Costa y Cristiano Ronaldo de Portugal.
Petr Cech de República Checa.
Hagi y Popescu de Rumania.
Yashin y Salenko de Rusia.
Stankovic y Kolarov de Serbia.

Ibrahimovic y Andersson de Suecia.
Shaqiri de Suiza.
Bouazizi y Jaidi de Túnez.
Turan, Altintop y Sukur de Turquía.
Shevchenko y Yarmolenko de Ucrania.
Obdulio Varela, Mazurkiewicz, Francescoli, Muslera, Luis Suárez, Godín, Cavani y Valverde de Uruguay.
Arango, Rondón, Páez, Rincón, Soteldo y Josef Martínez de Venezuela.

LXXII

SERRAT EN CARACAS

Nuestros años de juventud universitaria estuvieron poblados por las canciones de **Joan Manuel Serrat Teresa** (1943), un catalán que nunca renegó de España y, también, un español siempre orgulloso de Catalunya.

Cantautor, músico y hasta actor de cine, en su larga y frondosa carrera desplegó las mágicas canciones de su autoría (*Penélope, Fiesta, Palabras de Amor, Mediterráneo...*) y además las que rescató para el gran público de poetas y compositores de todo el mundo hispano, verbigracia:

Federico García Lorca (España), Antonio Machado (España), Violeta Parra (Chile), Enrique Santos Discépolo (Argentina), Joan Salvat Papasseit (España-Catalunya), José Alfredo Jiménez (México), Simón Díaz (Venezuela), Mario Benedetti (Uruguay), Ernesto Cardenal (Nicaragua), José Goytisolo (España), Joaquín Sabina (España), Camilo Sesto (España), Víctor Jara (Chile), León Felipe (España), Pablo Neruda (Chile)...

Aunque nunca dejó de cantar en catalán Serrat, de madre aragonesa, fue fustigado por los fanáticos separatistas catalanes por cantar en español. Aunque él defendió su lengua nativa no solo ahora que es aceptada por el resto de los españoles, sino cuando era peligroso hacerlo, durante la dictadura del generalísimo Francisco Franco Vahamonde.

Con su guitarra a cuestas y su espíritu libertario y andariego, completó su carrera entre 1965 y el 2022 (cuando tuvo que ponerle fin por una afección cancerígena que le ha martirizado sus tiempos recientes).

Y uno de sus últimos conciertos lo celebró en la **Concha Acústica de Caracas el 14 de octubre de 2022.** El organizador del evento fue un querido amigo de Serrat y mío, el profesor universitario y reconocido periodista deportivo Cristóbal Guerra (por cierto Cristóbal es autor de un libro sobre Joan Manuel Serrat: *«Importancia poética del último trovador»*.

En ese concierto Serrat mostró su solidaridad con el pueblo venezolano humillado y arruinado por la narcodictadura castrochavista, cuando actuó de manera gratuita (en ese viaje lo acompañó su generosa mujer, Candela Tiffón).

Joan Manuel Serrat, emblema de la hispanidad contemporánea, ha recibido en vida centenares de premio y distinciones, entre otras, la Orden de la Universidad Complutense de Madrid, la Gran Cruz de Alfonso el Sabio, el Grammy Latino y varios doctorados Honoris Causa.

Fue tanta la influencia de Serrat en la juventud hispana, que el académico venezolano residente en Puerto Rico, Luis Raúl Perichi, llegó a escribir:

«Nuestro agradecimiento al poeta cantautor Joan Manuel Serrat, por habernos ayudado a conquistar a nuestras mujeres».

Y en verdad los venezolanos de mi generación, que es la misma de Cristóbal Guerra, pasaremos a la vida eterna sin poder pagar la deuda poética que tenemos con Joan Manuel Serrat.

LXXIII

HOMICIDIO EN LA GUARDIA SUIZA VATICANA

Se dice que para custodiar su isla privada Skorpios, el magnate griego Aristóteles Onassis, contrataba unos 75 vigilantes, pero eso no era en rigor un ejército.

Lo que sí es el ejército o policía más pequeña del orbe, es la **Guardia Suiza** pontificia, más o menos 150 hombres (entre soldados y oficiales) encargados de la seguridad del Papa, cardenales, instalaciones, residentes y visitantes de la Ciudad del Vaticano (que es también la nación independiente más diminuta de la tierra).

La Guardia Suiza fue creada en el siglo XVI por el papa Julio II. El quiso tener a guerreros helvéticos, para esos tiempos de gran reputación militar, para ocuparse de protegerlo a él y a las 4 puertas del Vaticano.

Esos guardias suizos fueron claves, el 6 de mayo de 1527, para salvar la vida del pontífice Clemente VII, durante la arremetida contra los Santos Lugares, de las tropas del Emperador del Sacro Imperio Romano-Germánico, Carlos I de España y V de Alemania.

Para acceder a la Guardia Suiza se requieren condiciones de alta exigencia:

Edad comprendida entre 19 y 30 años.

Estatura no menor de 1.74 metros (Aprox. 5'8» piés).

Católico y soltero.

Nacionalidad suiza.

No tener antecedentes penales y haber recibido instrucción militar básica en Suiza.

Título de instrucción secundaria o profesional universitaria.

Poseer un certificado de buena conducta de las autoridades helvéticas.

(A los guardias se les permite el casamiento al cumplir 5 años de servicio. Y están obligados a residir en el territorio vaticano).

Al incorporarse a la Guardia, los soldados reciben un estricto entrenamiento en defensa y uso responsable de armas de disuasión o de fuego (es necesario anotar que la tropa vaticana responde también por la seguridad de la residencia veraniega y museo papal de Castel Gandolfo, a unos 20 kilómetros de Roma).

El atuendo de los guardias suizos del Vaticano es muy colorido y llamativo (amarillo, azul y rojo) y recuerda la vestimentas ceremoniales de los soldados y oficiales de la Edad Media y Renacimiento.

El 4 de mayo de 1998, durante el pontificado de San Juan Pablo II, se produjo un suceso insólito y doloroso, el soldado joven Cedric Tornay, **asesinó al Comandante General de la Guardia Suiza, Coronel Alois Estermann y a su esposa la venezolana Gladys Meza Romero (y luego él se suicidó).**

Sobre este deplorable múltiple homicidio brotaron, como es costumbre en estos días de dominio del morbo de las teorías conspirativas, variadas especulaciones.

Desde que fue un crimen pasional hasta que Estermann era un homosexual antiguo agente comunista. La verdad es que Cedric Tornay estaba resentido porque, por su indisciplina, no había recibido un ascenso.

LXXIV

LA MAESTRA ANDALUZA

Es propio del castellano andaluz un simpático vicio del habla, el uso de la **L** en lugar de la **R** (o viceversa) en sus conversaciones cotidianas.

Así vemos expresiones como *polque, velte, Er Quijote, Elnesto* en lugar de **porque, verte, El Quijote** y **Ernesto**.

Esta incorrección no odiosa del modo de pronunciar el castellano de la gente de Andalucía, se trasladó al Nuevo Mundo americano durante el descubrimiento, colonia y conquista hispana, sobre todo entre los habitantes de poblaciones ribereñas del Mar Caribe.

Verbigracia los de Puerto Rico o Borinquen, Santo Domingo o Quisqueya y los de la costa Caribe colombiana y venezolana. Por cierto, la zona Caribe venezolana correspondiente a lo que son hoy los estados Sucre y Anzoátegui, tuvo por nombre original Nueva Andalucía.

Incluso hay una anécdota muy reveladora, contada por la ilustre académica de la Lengua, María Josefina Tejera. Dice así:

Una maestra andaluza les decía en clase a sus pupilos:

—*Escuchen chavales,* **sordao***,* **barcón** *y* **mardita** *sea tu* **arma***, se esriben con l.*

LXXV

ORÍGEN DE LOS NOMBRES ESPAÑOLES

En la lengua castellana o española los nombres tienen los más diversos e inesperados orígenes.

En primer lugar tenemos los nombres latinos, por pertenecer principalmente el español a esta familia de idiomas romances (como el italiano, francés, portugués, catalán, gallego, rumano, entre otros).

Entre los nombres que nos vienen del **latín** podemos recordar:
Adriano, Aurora, Camilo, Cristina, Emilio, Fabiola, Leticia...

También heredamos nombres **griegos**:
Andrés, Berenice, Catalina, Diego, Elio, Filomena, Florida, Teodora, Cleopatra...

Por ser parte del tronco judeo-cristiano no nos faltan los nombres **hebreos**:
Abraham, Belén, Gabriel, Jacobo, Magdalena, Miguel, Susana,, Manuel ...

Nos vinieron nombres **árabes**:
Omar, Lupe, Zamira, Zoraida, Sabas, Fátima, Almudena...

También los provenientes de las lenguas germánicas:
Alberto, Alicia, Belinda, Carlos, Eduvigis, Ernesto, Rolando...

Y desde luego los nombres indígenas americanos que se incorporaron al español:
Atahualpa, Cuauhtémoc, Citialli, Tamanaco, Caonabo, Anacaona, Huascar, Guaicaipuro, Caupolicán, Inti ...

Creemos que no sobra agregar nombres de personas o topográficos, que llegaron al castellano desde otras lenguas, ejemplos:
Caracas (caribe), Baltasar (asirio), Guadalajara (árabe), Isabel (babilonio), Oriol (catalán), Brandán (céltico), Mencio (chino), Onofre (egipcio), Anabel-Arabela (escocés), Ludmila (eslavo), Iñaki-Iñigo (euskera-vasco), Ginebra (galés), Darío (persa), Casimiro (polaco),

Ollantay (quechua-inca), Amilcar (púnico-fenicio), Sonia (ruso), Eréndira (tarasco-Michoacán-México), Iracema (Tupi guaraní), Barné (Caribe-yecuana-makiritare)…

Otros casos curiosos son apellidos muy abundantes en español como García (hijo de Garcí), Sánchez (hijo de Sáncho) y Pérez (hijo de Pedro). En inglés hay un caso parecido con Smith (herrero).

LXXVI

EL DULCE NOMBRE DE MARÍA

Mi libro *«Tu nombre en la Historia»* lo comienzo con *MARIA*, el nombre más usado por la mujeres de habla hispana y/o, lenguas romances.

Por ser la denominación de la Virgen Madre de N. S. Jesucristo, existe la propensión a creer que el vocablo es de origen hebreo. La verdad es que es un nombre **egipcio** que llegó hasta nosotros por el largo cautiverio de los judíos en tierras de los faraones (hasta que se produjo el bíblico éxodo liderado por Moisés).

María significa *«Amada de Dios»* en el antiguo idioma de los egipcios. Sus correspondientes son Miriam en hebreo; Marie en francés; Mary en inglés; Marianka en ruso; Miren en vasco o euskera; Ostelinda y Tematea en calé o gitano; Maruxa en asturiano y gallego; Mara en arameo (la lengua en que habló el Redentor); Mariam en griego; Maryam en árabe, mientras que en castellano, portugués, italiano, rumano, catalán y alemán se dice María.

Es un nombre que adornó a mujeres célebres:

Marie Curie, polaca-francesa dos veces ganadora del Nobel (física y química).

María Félix, la María Bonita de Agustín Lara y del cine mexicano.

María Callas, la soprano más deslumbrante de los últimos tiempos (greco-norteamericana).

María Elena Walsh, cantautora y dramaturga argentina.

Reinas como María Antonieta de Austria, María de Escocia, María Cristina de Suecia...

Y desde luego la pecadora que auxilió a Jesús en la Cruz, María Magdalena.

Cantidad de poetas han aclamado el nombre de María. Entre otros el argentino **Francisco Luis Bernárdez**:

«*Si el mar que por el mundo se derrama*

Tuviera tanto amor como agua fría,
  Se llamaría, por amor, María,
  Y no tan sólo mar, como se llama.
  Si la llama que el viento desparrama,
  Por amor se quemara noche y día,
  Esa llama de amor se llamaría
  María, simplemente, en vez de llama».
Y el venezolano **Aquiles Nazoa**:

«*Cuando yo digo el nombre de María,*

que para mí es la voz del agua clara,
  es como si a los campos se asomara
  con la mano de un niño entre la mía...
  Y no es mi voz sino el amor quien canta
  como espiga sonora en mi garganta
  cuando yo digo el nombre de María».

Decenas de expresiones derivan o están asociadas al nombre de María.
Veamos algunas:

Mariano, marista, marica, marioneta, mariquita, marihuana, marimacho, mariona, marimandona, marimorena, marisabidilla, mariposa, maritornes, marizápalo, Maricastaña, María la O, María nomás, Mariana, Tingo María, María Galante...

LXXVII

PALABRAS HISPANAS DE VARIADOS ORIGENES

Como en el caso de los nombres, nuestro castellano proviene básicamente del latín (y este era muy legatario del griego, de allí también su presencia en nuestro idioma); pero además el español se enriqueció con vocablos y giros árabes, hebreos, germánicos (visigodos), eslavos, púnicos o fenicios, gaélicos, africanos y desde luego indígenas americanos.

La presencia de los árabes durante unos 8 siglos en la Península Ibérica (España y Portugal), y la de los judíos también de varias centurias, hizo que miles de palabras y expresiones semíticas pueblen el castellano.

Lo notable es que hoy es un privilegio poder hablar en español, un idioma compartido con casi 600 millones de personas, en los continentes.

Después del mandarín chino, la nuestra es la segunda lengua materna del orbe; la tercera de uso global y también la tercera para los usuarios de internet. La segunda entre los residentes de Estados Unidos y una de las cinco oficiales del sistema de Naciones Unidas (ONU), junto al chino, francés, inglés y ruso.

Alfonso X el Sabio instituyó el castellano como lengua oficial de España en el siglo XIII y los reyes católicos, Isabel y Fernando, lo confirmaron en el XV cuando incluso promovieron la primera gramática, la de Antonio de Nebrija.

Hoy en día es lengua oficial en 21 naciones. Su resplandor planetario lo alcanzó con la obra de Miguel de Cervantes Saavedra (*El Quijote*).

Los hispanos, por razones de lengua y experiencia histórica, somos etnoculturalmente **mestizos**, tanto que el pedagogo mexicano

José de Vasconcelos, señaló que somos la *«raza cósmica»*, una especie de anticipo del inexorable mestizaje futuro de la humanidad.

Pero veamos como el castellano se incrementó con palabras de orígenes distintos al latín:

Del **griego** (por vía del latín) provienen voces como automóvil, sociólogo, televidente, filosofía, democracia, esqueleto, arteria, teatro, tragedia, comedia, obispo, iglesia, Cristo, cátedra, bárbaro, bodega, teocracia, estoico, hecatombe, eunuco...

De los miles de términos **árabes** traspasados al español podemos recordar, entre otros: alcalde, alberca, almohada, aceituna, ajedrez, guitarra, cifra, cero, asesino, zanahoria, baño, barrio, bata, chisme, alcohol, diván, hazaña, sembrar, fulano, jarra, estrella, altar, algodón, jarabe, mezquino, sed, azúcar, alcancía, azulejo, aduana, arsenal, algoritmo, tarea, mazmorra, naranja y el repetido **ojalá** (del árabe *inshallah*, si Dios quiere).

Del **hebreo,** como quedó dicho, nos vinieron sobre todo denominaciones como Abraham, Israel, Abigail, Natanael, Belén, Adán, Bartolomé, Ismael, Joel, Dalila, Manuel, Miguel, Betsabé, Rafael, Benjamín, Daniel, Débora, Eva, José, Marta, Joaquín, Magdalena, Nazario, Noé, Noemí, Miriam...

De los términos germánicos nos quedaron burgo, jabón, tejón, sacar, guardia, espía, casta, ganso, gavilán, agasajar, gana, rapar, guerra, robar, guarnecer, yelmo, dardo, sala, bastión, abastecer, heraldo, embajada, tregua, rico, blanco...

Y de los idiomas **indígenas** del nuevo mundo americano papa, canoa, chocolate, cacao, tomate, yuca, aguacate, carpa, palta, ocumo, batata, cacahuete, cacique, pampa, cigarro, chicle, chicha, caucho, guaricha, tiza, cabuya, alpaca, mapache, chamaco, iguana, cancha, jacarandá, cachito, manatí, choclo, coca, cóndor, hallaca, patatús, piragua, huracán, tiburón, campechano, calato, mandioca, chacra, puma, mate, maíz, vicuña, llama, guano, quina, quinua, taita, ñandú, mandioca, maraca, guácharo, mapanare, colibrí, jaguar, caníbal, coyote, tiza, hule, mapuche...

Y no debemos olvidar que uno de los mayores crímenes perpetrados contra seres humanos en todos los anales, fue el tráfico de esclavos africanos llevado a cabo por infames comerciantes de Portugal, Reino Unido, Francia, España, Holanda, Bélgica, Estados Unidos...

Entre 1546 y 1866 en unos 36 mil viajes oceánicos, los esclavistas blancos transportaron entre 11 y 12 millones y medio de africanos, hacinados en barcos «*negreros*».

Por eso del aporte **africano** (yorubas, congos, mandingos, carabalíes, zulúes, swahilis, bantúes...), recibimos algunos vegetales y frutas (ñame, sandía, algunas especies de plátanos), muchas palabras y, muy especialmente, un testimonio musical que cada vez identifica más a los pueblos del Caribe, sur de y Brasil.

En los días recientes se han incorporado a nuestra habla expresiones de sitios tan distantes como China, Japón, Oceanía, norte de Africa, Oriente medio, la Europa oriental, Germania, Escandinavia...

LXXVIII

MESES Y DÍAS DE LA SEMANA

En los siglos ignotos el tiempo se medía por los ciclos lunares, lo cual arrastraba inexactitudes. Tal cosa cambió en el año 46 antes de Jesucristo, cuando se creó el calendario *Juliano*, y para encontrar una definitiva modificación en 1582, hizo su aparición del *Gregoriano*.

El calendario Juliano se llama así en reconocimiento a Cayo Julio César, estadista, guerrero e historiador, quien lo creó con el apoyo del astrónomo Sosígenes.

Mientras que el Gregoriano lleva el nombre del Papa Gregorio XIII (1502-85), y es el que rige hasta el sol de hoy en occidente y la mayor parte de la tierra.

En la escuela aprendimos que el **Año** equivale al tiempo que toma el planeta en dar una vuelta alrededor del sol, o sea 365 días, 5 horas, 48 minutos y 46 segundos.

El **Día** corresponde a la rotación de la tierra sobre su propio eje, lo que completa en 24 horas. La palabra día se identifica por costumbre con las horas en que el sol está visible en el firmamento.

El **año** tiene **meses** (12), **semanas** (52) y como ya se dijo 365 **días**. Otras mediciones asociadas son el **lustro** (5 años), la **década** (10), la **centuria** o **siglo** (100) y el **milenio** (1000).

Se suele decir anual para el año, mensual para los meses, semanal para las semanas (también hebdomadario) y diario para los días.

Los siete días de la semana son:

Lunes o día de la luna.

Martes o día del dios romano de la guerra Marte (deidad principal para un pueblo belicoso y conquistador como el de Roma).

Miércoles o día de Mercurio (Hermes entre los griegos). Dios de los mensajes, la comunicación y la elocuencia.

Jueves de Júpiter, divinidad primordial de los romanos. Corresponde a Zeus en Grecia antigua.

Viernes de Venus, diosa del amor, la belleza y la fertilidad. Es la Afrodita griega,

Sábado día de Saturno, el dios del tiempo, Cronos en Grecia. También es una reminiscencia del **Shabatt**, jornada sagrada entre los judíos.

Domingo el día del Señor (el *Domine* en latín). Es el día del descanso, el recogimiento y la oración.

Mientras que los 12 meses del año conllevan las siguientes denominaciones y significados:

Enero o mes de Jano, dios de los inicios y las puertas. Es una deidad autóctona romana, sin correspondencia entre los griegos.

Febrero dedicado a Plutón, el dios de la limpieza y la pulcritud. También domina el inframundo o infierno. En la mitología helénica es Hades.

Marzo otra vez la vocación militar de la Roma latina. Es el mes consagrado al dios combatiente Marte.

Abril es el mes primaveral de florecimiento, de apertura o renacimiento de la naturaleza. Se le relaciona con la palabra latina *Aperire*, cuyo significado es *Abrir*.

Mayo mes de los mayores (*maiorem* o *majorem* en latín). Son treinta días para la veneración de los ancianos, cuya sabiduría solía ser muy respetada en Roma.

Junio mes de los jóvenes o *juniors*.

Julio mes en homenaje a Cayo Julio César, gobernante romano creador del calendario Juliano.

Agosto dedicado a Julio César Octaviano, conocido por la posteridad como el emperador César Augusto.

Septiembre porque en anterior calendario romano era el mes séptimo.

Octubre en el calendario anterior era el mes octavo.

Noviembre era el mes noveno.

Diciembre mes doce de cierre del año. Antes fue el mes diez.

La explosión creativa del tercer milenio nos ha dotado de innumerables maneras de medir y controlar el tiempo. El alcance de exactitudes es algo prodigioso, sobre todo si lo comparamos con el instrumento en las naves de Cristóbal Colón, para que no se les escaparan las horas. Veamos lo que al respecto explicaba Arturo Uslar Pietri en su serie de tv *Valores Humanos* transmitida por Radio Caracas Televisión:

«Una de las cosas más importantes para determinar la posición de un barco es el tiempo, y ellos no tenían otro cronómetro que lo que llamamos nosotros un «reloj de arena», que tardaba media hora en pasar la arena de una ampolleta a la otra. Se necesitaba de un grumete, día y noche, pendiente del reloj, porque si dejaba terminar la arena de un lado sin volver la ampolla podía perder la medida del tiempo, lo que significaba la posibilidad de perderse por no poder determinar su posición en el Océano.

Cada media hora, el grumete volcaba el reloj de arena y hacía el anuncio cantando. Una guardia se componía de ocho ampolletas, es decir, de cuatro horas».

LXXIX

¡SI PUERTO RICO ME LLAMA!

Creo que era el *«newrican»* (boricua de Nueva York), Joe Batán, quien repetía ese estribillo.

Borinquen, la *Perla de los Mares*, es hoy constitucionalmente un Estado Libre Asociado con los Estados Unidos o, como se conoce también, un territorio no incorporado a EEUU. Es una de las tres naciones insulares de habla española en el Caribe, con Cuba y República Dominicana.

Se trata de la mayor de las Antillas menores, o la menor de las Antillas mayores. Es un vistoso archipiélago del Mar Caribe, de unos 9158 kilómetros cuadrados de extensión y cerca de 3 millones y medio de habitantes (aunque se sabe que en la actualidad habitan más puertorriqueños en Estados Unidos, que en las islas originales).

Son tierras de clima tropical amable (una media de 28 grados centígrados, $^+$o - 82.4 farenheit). El PIB es de aprox. $ 24300, dentro de una economía dinámica, sustentada en el turismo, industria, comercio, servicios y remesas de sus residentes en el exterior (sobre todo EEUU).

Los cultivos tradicionales de Puerto Rico han sido la caña de azúcar, el café, tabaco, tubérculos, hortalizas y frutas.

Sus principales ciudades son San Juan de Puerto Rico (la capital), Bayamón, Caguas, Carolina, Arecibo, Ponce, Mayaguez, Guaynabo, Cayey...

Desde que fue descubierta por Cristóbal Colón en 1493, hasta que fue tomada por Estados Unidos en 1898, Puerto Rico fue una colonia española (provincia de ultramar), donde floreció un mestizaje étnico y cultural, de los componentes blanco europeo, negro africano y de los aborígenes tainos, arahuacos y caribes.

Durante su período de anexión norteamericana, en Borinquen se ha repetido un debate entre los que reclaman independencia para la isla, los que sostienen la actual fórmula de Estado Libre Asociado y los partidarios de una total y definitiva incorporación a EEUU (hoy en día esta última opción es abrumadoramente mayoritaria).

Ahora nos corresponde hacer una apretada presentación de boricuas notables:

Agueybaná. Aguerrido cacique taino, líder de la resistencia a la conquista española. Murió por tiro de arcabuz en 1510

Juan Ponce de León (1460-1521). Este adelantado español, descubridor de la Florida norteamericana, fue el primer Capitán General de Puerto Rico.

José Campeche (1751-1809). Pintor rococó. Primer artista plástico de reconocimiento internacional. Otros dignos de mencionar son Francisco Oller, Myrna Báez, Rafael Tufiño...

Capitán Ignacio Mascaró y Homez. Héroe de la defensa de Puerto Rico contra la agresión de británicos y alemanes en 1797.

Manuel Rojas. Venezolano que lideró el temprano levantamiento emancipador boricua contra la corona de España (el Grito de Lares en 1868). En este episodio tuvo un protagonismo brillante el médico, escritor y abolicionista de la esclavitud, **Ramón Betances.**

Eugenio María Ostos (1839-1903). Catedrático, filósofo, sociólogo, escritor, jurista... Desplegó su lucha libertaria y su magisterio por Puerto Rico, Cuba, República Dominicana, Colombia, Panamá, Perú, Chile, Argentina, Brasil, Estados Unidos y Venezuela. Llamado el Ciudadano de América, por su empeño unitario de las Antillas y resto de Hispanoamérica.

José de Diego (1866-1918). Poeta, periodista, abogado y político. Hispanista (defensor de la cultura y lengua española). Hizo estudios en Mayaguez, La Habana y en Logroño y Barcelona de España. Fue uno de los fundadores del Partido Unión de Puerto Rico.

Pedro Albizú Campos (1891-1965). Agresivo luchador por la independencia de Puerto Rico. Abogado de las universidades de Vermont y Harvard. Orador emocionante. Políglota (español, inglés, francés, italiano, portugués, alemán, latín, griego y sanscrito). Fundó el Partido Nacional de Puerto Rico.

Jesús Toribio Piñero Jiménez (1857-1952). Primer nativo gobernador de Puerto Rico (designado en 1946 por el presidente Harry Truman de EEUU).

Luis Muñoz Marín (1898-1980). Figura señera de la democracia latinoamericana (a la par de Rómulo Betancourt-Venezuela, José Figueres-Costa Rica, Alberto Lleras Camargo-Colombia, Juan Bosh-Joaquín Balaguer Rep. Dominicana, Víctor Raúl Haya de la Torre-Perú...). Fue el primer gobernador electo de Puerto Rico (1948). Presidente del Senado. Creador del sistema aún vigente de Estado Libre Asociado.

Entre otros gobernadores electos podemos mencionar a Rafael Hernández Colón, Pedro Roselló, Luis Fortuño, Ricardo Roselló, Pedro Pierluisi y Luis A. Ferré (un sobrino de este último, Maurice Ferré, fue Alcalde de Miami).

Teodoro Moscoso (1910-1992). Gerente público con estudios en Ponce, Filadelfia y Michigan. Aliado de Muñoz Marín en las estrategias de Estado Libre Asociado y desarrollo industrial de Puerto Rico. En mayo de1961 fue nombrado por el presidente John F. Kennedy embajador de Estados Unidos en Venezuela. Y en noviembre de ese año, coordinador de la Alianza para el Progreso (programa de unión y progreso panamericano, desafortunadamente frustrado).

Roberto Clemente (1934-1972). Modelo de deportista rendidor y ciudadano responsable. Murió mientras llevaba ayuda humanitaria a las víctimas del terremoto en Nicaragua en 1972. Miembro del Salón de la Fama del béisbol norteamericano de grandes ligas. Gano 12 guantes de oro, 2 series mundiales, jugador más valioso en 1966 y completó 3 mil hits.

Puerto Rico tiene toda una constelación de peloteros rutilantes: Juan Terín Pizarro, Tite Arroyo, Orlando Cepeda, José Pagán, Roberto Alomar, Iván Rodríguez, Francisco Lindor...

Otros deportistas: Los campeones de boxeo Carlos Ortiz, Wilfredo Gómez, Héctor Macho Camacho, Félix Trinidad, Wilfredo Benítez; en baloncesto Piculín Ortiz y Juan José Barea; en volibol Héctor Soto,

Aurea Cruz y Papolito López: en tenis Mónica Puig, medalla de oro en la Juegos Olímpicos de Río de Janeiro (2016)…

Rafael Hernández (1892-1965). El Jibarito. Compositor de música romántica de proyección continental. Sus canciones inspiraron a varias generaciones de latinoamericanos, entre otras: «Lamento borincano», «Capullito de alelí», «Quisqueya», «Perfume de gardenias», «Qué chula es Puebla», «Mi patria tiembla», «Silencio»…

Otros músicos y artistas: Daniel Santos, José Ferrer, Tito Rodríguez, Rita Moreno, Tito Puente, Jennifer López, Ismael Rivera, Sylvia Rexach, Benicio del Toro, Bobby Capó, Marc Anthony, Gilberto Santarosa, Ricky Martin, Daddy Yankee, Bad Bunny, Lin Manuel Miranda, Chucho Avellanet, Daniel Lugo, Bri la Pelúa…

Sonia Sotomayor. Boricua del Bronx, Nueva York. Jurista, magistrada, jueza. Estudio en la Universidad de Yale. Primera mujer latina en ser incorporada a la Corte Suprema de Justicia de Estados Unidos.

Ahora que se han desatado en su entorno los caballos del extremismo y la intolerancia, la lúcida *Justice* Sotomayor es un modelo confiable de serenidad y justicia.

Médicos y científicos relevantes: Marcia Cruz Correa, Colonel Bailey Ashford, Carlos E, Chardon, Rafael Irizarry Quintero, Agustín Stahl…

Y como tierra de bellezas, también han obtenido primeros lugares en certámenes internacionales sus *misses* Marisol Malaret, Dennys Quiñones, Deborah Carthy-Deu, Dayanara Torres, Zuleyka Rivero…

LXXX

LIBRE Y «AVISPAO» COMO UN GATO

¡Del gato se ha escrito tanto!

De su continuo merodeo viene la frase: *la curiosidad mató al gato*. Y quizás su inclinación al sueño inspiró la enseñanza del Dalai Lama: *dormir es la mejor meditación*.
    Su celo de independencia seguro deriva de la conciencia gatuna, de que ellos estaban ya en la tierra muchísimo antes de la aparición de los seres humanos. Los gatos son libres y lo expresó muy bien uno de sus más conspicuos amantes, Ernest Hemingway, cuando dijo:

«Los perros tienen dueños, pero los gatos tienen servidores» (¡*Dogs have owners...Cats have staff!*).

En efecto, este felino vive convencido de que él es el amo de su dueño y, como proclamó el poeta colombiano Darío Jaramillo:

«La astucia del gato consiste en fingir que es un animal domestico».

Desde tiempos inmemoriales el gato ha sido respetado. Entre los antiguos egipcios era una divinidad nocturna. Se encargaba de vigilar la luna y proteger los hogares y familias durante la noche.
    El gato es raudo, hábil cazador, libertario, capaz de sobrevivir en el monte y la calle, precisamente porque sabe defenderse y procurar su propia alimentación. Por eso se afirma que él tiene **derecho a su independencia**.

Son territoriales y con envidiable sentido de orientación. Con esa facultad del gato se hacen chistes de gentes que se olvidaron de cómo regresar a sus residencias y acuden a su gato para que los guie.

Cuando se hacen caseros no dejan de ser cazadores. Sólo que lo hacen por entrenamiento o «diversión», así lo canta el inmortal Gardel en el tango *Mano a Mano*, de Razzano y Celedonio Flores:

«Como juega el gato maula con el mísero ratón».

Es más, de su afición a las cacerías furtivas los gatos traen a las casas ratones, pájaros y hasta víboras muertas por ellos, como «regalos» para las familias, que no se deben despreciar porque en su afán de complacer, pueden volverlos a traer.

Frases sobre los gatos y sus conductas:

«Un gato se derrama como agua en el piso. Contemplarlo es un descanso». *William Lyon Phelps.*
«Si hay un rayito de sol caído en el piso, un gato lo encontrará y absorberá». *Jean Asper McIntosh.*
«La niebla se encuentra en los pequeños pies del gato». *Carl Sanberg.*
«El suave dormitar de un gato es una imagen de perfecta beatitud».

Yo, con mi vocación de gato callejero, rechazo que algunos *comics* los presenten como crueles o tontos, y celebré siempre la gratísima serie de «Don Gato y su pandilla».

LXXXI

HISPANOHABLANTES EN EEUU

El dinamismo del castellano o español como idioma es algo hoy difícil de negar. Ya dijimos *ut supra* que es una lengua en la cual se comunican más de 600 millones de personas. Incluso en los Estados Unidos de Norteamérica ya es la segunda más hablada.

En los tempranos 70 del siglo XX, el antropólogo, reformador universitario y ensayista brasilero, Darcy Ribeiro, vaticinaba un imparable crecimiento de los latinos en EEUU.

En Estados Unidos conviven unos 57 millones de hablantes en español. Sólo México con sus más de 100 millones de habitantes supera esa cifra. Lo curioso es que más gente habla español en Norteamérica que en la propia España.

Y es muy interesante la estimación que para el 2060 el español pasará de largo en EEUU de los cien millones usuarios. Más del 60% de los que se expresan en español en ese territorio son de origen mexicano.

Lo anterior no sólo se explica por la cercanía entre Estados Unidos y México, sino también por los millones de kilómetros cuadrados que fueron territorio mexicano y hoy pertenecen a EEUU.

Los estados donde más se habla español en EEUU son Texas, Florida, California, Nuevo México y Nevada. Y las regiones donde menos aparece esa lengua son Maine, Vermont, Dakota del Sur y Ohio.

La vitalidad del castellano en América del Norte se explica por varias razones:

El esfuerzo sistemático del Instituto Cervantes, creado en España en 1991, para la promoción del estudio de la lengua y la cultura hispana; el interés de las academias españolas de la lengua en preservar la entidad, coherencia, unidad y sencillez del idioma, lo que facilita y estimula su uso; y muy especialmente, los repetidos aluviones de inmigrantes de Hispanoamérica en busca del llamado *Sueño Americano*, aventados de sus países por las faltas de oportunidades para sus familias, problemas económicos, de seguridad y hasta de persecución política.

Las ciudades con más gente entendiéndose en español son Nueva York (2 millones de personas), Los Angeles (1 millón y medio). Houston (1 millón) y otras de gran densidad de población hispana como Miami (Miami también supera el millón de habitantes), Chicago y Albuquerque.

Un caso muy singular es el de la ciudad de Hialeah, en el condado de Dade, Florida, que tiene más de 200 mil pobladores y aproximadamente el 93% se comunica en español (también hay villas como Laredo, Texas, donde el uso del castellano es mayoritario).

Como se conoce, la tendencia al crecimiento de la población hispana en EEUU es irreversible. Incluso se sabe que el 75% de sus encuestados consideran que la conservación del español es sus familias es algo muy importante. Así es como el idioma ha logrado ser el segundo en número de de EEUU, solo por detrás del inglés tradicional.

Y en la gran ciudad de Florida, Miami, la presencia del castellano es tan enorme, que el bilingüismo es clave para progresar en ella. Tanto se habla español en Miami, que muchos entendidos la califican de **capital real de Latinoamérica**. Es más, no faltan bromistas que aseguren que *«lo mejor que tiene Miami es lo cerca que está de Estados Unidos»*.

Las comunidades hispanas con más presencia en la América inglesa son las mexicana, boricua (Puerto Rico), cubana, centroamericana (Honduras, Guatemala, El Salvador, Nicaragua, Costa Rica y Panamá), colombiana, venezolana, argentina, peruana... (También son notables los numerosos chilenos, bolivianos, ecuatorianos y brasileros (estos de habla portuguesa)...

Y ni que decir de la impresionante cantidad de medios de comunicación, redes, editoriales, planteles educativos, servicios y negocios en español, que con éxito y competitividad encontramos en Estados Unidos.

Y como en todos los idiomas en estos tiempos digitales cicateros, la conversación española se ha reducido entre sus hablantes. En estos días recibí un *whatsapp* que no me atrevo a avalar, pero lo incluyo aquí por llamativo:

> *«El idioma castellano tiene unas 300 mil palabras, una persona adulta culta se comunica con 500 palabras. Un periodista o escritor maneja unas 3 mil palabras. Cervantes en su obra utilizó unas 8 mil palabras del castellano. Un cantante de reggeton domina 26».*

LXXXII

CUMBRE AMAZÓNICA DUDOSA

El río Amazonas, es culpable de que lleve su nombre una selva pluviosa de 7 millones de km2, que recorre territorios de Brasil, Bolivia, Colombia, Ecuador, las Guayanas, Perú y Venezuela.

Y su nombre deriva de unas guerreras mitológicas griegas, arqueras y jinetes diestras. Ocurrió que el primer europeo que navegó ese río, el más largo y caudaloso del planeta, Francisco de Orellana (1511-1546), oyó hablar de cierta legendaria tribu femenina de ese entorno, bravía y belicosa.

Se dice y repite no sin veracidad, que el bosque lluvioso amazónico es el pulmón vegetal de la tierra. Es un medidor atmosférico global, reconocido en 2011 como una de las maravillas naturales del mundo y, por añadidura, un enorme y vibrante sistema de ecosistemas que resguarda además de un quinto del agua dulce del orbe, millones de especies de flora y fauna (muchas aún no estudiadas o clasificadas).

Las reservas minerales de la Amazonia son abundosas y diversas: uranio, torio, vanadio, azufre, fluor, fosfatos, caliza, antimonio, oro, plata, cobre, manganeso, plomo, zinc, estaño, hierro…

La Amazonia es gran aliada de la alimentación de la humanidad y rica en posibilidades para la medicina y, también, la minería sostenible.

Pero esa selva frondosa y proliferante, está en grave amenaza, por la deforestación desenfrenada, la contaminación de las aguas, la minería ilegal, el desmedido crecimiento poblacional, el atropello a los indígenas (sus naturales cuidadores) y la depredación de animales y plantas.

El presidente de Brasil, *Luiz Inacio Lula Da Silva*, astuto demagogo, promovió entre el 8 y 9 de agosto de 2023, una **Cumbre Amazónica en Belem do Pará** (estado de Pará, Brasil).

Lo curioso es que para la Cumbre fueron invitados los gobiernos de Bolivia y Venezuela, hasta ahora responsables sin sanciones de la **destrucción y el saqueo de las áreas «protegidas» de la Amazonia de sus países.**

La angustia planetaria por el destino del río y la jungla amazónica, se recogió en el Tratado de Cooperación Amazónica de 1978, y en las reuniones mundiales conservacionistas de 1992, en Nueva York y Río de Janeiro **(Eco 92)** (en las cuales viví la invalorable experiencia de participar como miembro de las delegaciones de Venezuela).

PD.

(En Ecuador los ciudadanos mediante referendo, rechazaron la explotación petrolera en la reserva amazónica de Yasuni).

LXXXIII

2023: APOTEOSIS DEL FUTBOL FEMENINO Y LAS CAMPEONAS ESPAÑOLAS

Mucha tinta, micrófonos y cámaras se han fatigado en la exaltación del fútbol masculino. Como se conoce, es en estos tiempos el deporte de más cobertura y crecimiento y una de las últimas distracciones sanas que le quedan a nuestra desamparada humanidad.

Pero he aquí que en el Mundial de Fútbol Femenino de Australia-Nueva Zelandia (20 julio-20 agosto 2023), se consolidaron las mujeres futbolistas como resistentes, rápidas, creativas, disciplinadas y armoniosamente competitivas.

Esa Copa austral se escenificó en las ciudades australianas de Adelaide, Brisbane, Melbourne Perth y Sidney; y la neozelandesas de Auckland, Dunedin, Hamilton y Wellington.

Aparte de las selecciones campeonas mundiales de Alemania, Inglaterra y Estados Unidos, y de las anfitrionas Australia y Nueva Zelandia, protagonizaron el Mundial las escuadras de Noruega, Filipinas, Suiza, Irlanda. Nigeria, Canadá, España, Costa Rica, Zambía, Japón, Haití, Dinamarca, China, Vietnan, Países Bajos, Portugal, Francia, Jamaica, Brasil, Panamá, Suecia, Suráfrica, Italia, Argentina, Marruecos, Colombia y Corea del Sur.

Fue el Mundial de España campeona, seguida por Inglaterra, Suecia y Australia. Brillaron las españolas Aitana Bonmati, Salma Paralluelo, Catalina Coll y la sevillana del gol grande de la final, Olga Carmona; la portera inglesa Mary Earps; la nipona goleadora del torneo, Hinata Miyazawa; y la selección de Japón por su juego limpio.

En las anteriores ediciones de la Copa Mundial las grandes figuras fueron:

La brasilera Marta, reconocida como la mejor del mundo hasta ahora. Las norteamericanas Abby Wambach, Ashley Sánchez, Lyn Williams, Alex Morgan y Megan Rapinoe; las alemanas Alexandra Popp, Sara Dabritz y Melanie Leupolz...

Y es de justicia mencionar otras destacadas dentro y fuera de los mundiales: Linda Caicedo (Colombia), Deyna Castellanos (Venezuela)...

En este Mundial 2023 más de un millón y medio de aficionados asistieron a los estadios; unos cien millones de televidentes y unos 22 millones por las redes sociales lo disfrutaron; y la ganancia fue cercana a los 750 millones de dólares.

¡Todo un éxito!

No tenemos dudas de que en un negocio mega millonario como el fútbol profesional, las damas jugadoras terminarán tan bien pagadas como los varones.

Y nos preguntamos: ¿Veremos en el futuro mundiales mixtos? ¿Algo así como una Marta o un Ronaldinho en la misma alineación de la canarinha?

PD.

(Corresponde agregar aquí que el magnífico triunfo en el Mundial de Fútbol Australia-Nueva Zelandia 2023, de la selección femenina española, se vio empañado por el episodio del beso abusivo del presidente de la Real Federación Española de Fútbol **Luis Rubiales**, a la jugadora **Jenny Hermoso**. Al final Rubiales fue suspendido por la FIFA-y terminó dimitiendo).

LXXXIV

LOS MÉDICOS DE CÓRDOBA

Entre el Guadalquivir, iluminado por García Lorca como *río de las estrellas*, y la Sierra Morena, moruna, gitana y recodo de penitencia de El Quijote de Cervantes, se alza la deslumbrante Córdoba, fundada en siglo II ADC por los romanos.

En el siglo XII de nuestra era cristiana, en tiempos de los califas árabes, Córdoba era la ciudad más culta, habitada, próspera y tolerante de Europa. De gran dinamismo económico y urbe poblada de palacios, puentes, fortalezas, baños y obras religiosas de gran renombre, como la mezquita y ahora catedral católica.

La convivencia entre la gente, los sabios y los pensamientos de musulmanes, hebreos y cristianos, hicieron de esa Córdoba de *Al-Andalus,* precursora de la moderna libertad de cultos, el sitio propicio para el nacimiento de dos de los más perínclitos eruditos en los anales de la humanidad, el árabe Ibn Rushd **Averroes** y Moisés ben **Maimónides**, el judío.

Ambos fueron filósofos, teólogos, juristas, religiosos y, por si fuera poco, **médicos.**

El segundo fue discípulo del primero y los dos fueron perseguidos, desterrados y llevados a morir en el exilio (Averroes en Marrakech, Marruecos; y Maimónides en Fustat del Nilo, hoy El Cairo, Egipto).

Averroes y Maimónides practicaron la medicina y la investigación médica con devoción y disciplina. Muchas curas y medicamentos se les deben a ellos. En el caso del judío, llegó a ser el médico de confianza del Sultán Saladino, su familia y su corte.

Obras como «Destrucción de la destrucción» de Averroes y «Guía de Perplejos» de Maimónides, son reconocidas joyas del pensamiento humano.

Pero lo que más colocó a estos cordobeses árabe y judío en los salones de la posteridad, fue la conexión de la filosofía musulmana y la hebrea, con la griega clásica. La conciliación entre razón y fe. El rescate de las enseñanzas de Aristóteles y la Escuela Ateniense de Filosofía.

El trabajo y hallazgos de los dos médicos y pensadores de Córdoba, terminó influyendo en Santo Tomás de Aquino, quien con su Escolástica, cumplió a su vez la armonía del cristianismo con el pensamiento helénico clásico.

LXXXV

IDIOTAS GRIEGOS Y ANTI POLITICA

Cuando uno busca en los diccionarios o enciclopedias, o se atiene a la comodidad de *google*, descubre que para los griegos del esplendor (siglo V antes de Cristo o Siglo de Pericles), la palabra IDIOTA expresaba algo distinto a lo que significa en estos días de onanismo de la **anti política**.

Hoy un IDIOTA sería una persona más o menos cretina, estúpida, estulta, estólida, débil mental, «descerebrada», tonta, ignorante, carente de inteligencia o de habilidades, descuidada, trivial (y hasta podría resistir otras sinonimias).

Pero en griego el vocablo viene de **IDIOS** (personal, privado, particular, propio...) (IDIOMA, por ser la lengua de una nación particular, tiene la misma raíz).

Por eso en la Grecia civilizada y modelo democrático para el mundo de su época, la palabra **IDIOTA** identificaba a los hombres corrientes, egoístas, apáticos, desinteresados en la vida comunitaria, el bien común, la participación ciudadana, es decir, aquellos que rechazaban la **POLITICA**.

En esos conceptos debemos reflexionar, ahora que la anti política es una astuta coartada de los autoritarios, para estimular el repudio de la convivencia democrática. Lo que rechaza el habitante manipulado por los caudillos «salvadores de la patria», no es a la **POLITICA**, sino que renuncia a derechos como las elecciones libres, la libertad de expresión, la igualdad ante la ley y, sobre todo, la necesidad de participar en la vida social y en el manejo de su propia vida.

El gran truco de los caudillos populistas y mesiánicos, es usar la democracia para destruirla. Convencer al votante aturdido por sus problemas, de que la democracia no sirve, de que ellos son la única salvación. Meterle en la cabeza a la gente la irresponsabilidad. Hacerle creer que ellos para salir del hueco sólo tienen que votar por el caudillo y obedecerle. O sea que deben renunciar a gobernar su vida.

El resultado ya lo anticipó el sabio Platón, precisamente en los tiempos rutilantes de Grecia:

«El mayor castigo para el hombre de bien, cuando rehusa gobernar a los demás, es sufrir el mando de otro peor que él».

LXXXVI

NARCOCULTURA Y TV

Cuando el narcotráfico asesina figuras como los candidatos presidenciales Luis Carlos Galán en Colombia o Fernando Villavicencio en Ecuador, vuelan a las primeras planas, pantallas y redes, las controversias sobre el fenómeno del negocio de los estupefacientes, tan vigoroso en la actualidad.

El narcotráfico es una pesadilla envolvente y todopoderosa:

Maneja cifras de dinero tan astronómicas que es casi imposible una cuantificación confiable.

Tiene una capacidad de dominio social, por vía del soborno, chantaje o amenaza, difícil de controlar. Logra involucrar a delincuentes comunes, capos de barrios y cárceles, policías, militares, jueces, fiscales, abogados, periodistas, cantantes, economistas, banqueros, agricultores, guerrilleros, empresarios, deportistas, líderes comunitarios, dirigentes políticos y hasta gobiernos y presidentes.

Hoy el daño de drogas como el opio, heroína, morfina, fentanilo, cocaína, marihuana, hachís, metanfeminas, lsd, esteroides, tabaco, alcohol y otras, es muy cuesta arriba negar. Aunque no faltan astutos y bien financiados defensores del consumo.

La controversia gira sobre si se debe continuar la estrategia, hasta ahora fracasada, de represión al narcotráfico, o si lo realista es legalizar el negocio, o se debe buscar una alternativa de orientación ciudadana para disminuir tráfico y consumo. Amén de dar tratamiento adecuado a los adictos.

Lo cierto es que los narcos son poderosos. Su capacidad de compra de cómplices en los poderes, o de amenaza («*Plata o plomo*», «*Billete o bala*»), son en verdad espeluznantes. Y también mete miedo la habilidad de abogados y contadores al servicio de las mafias de las drogas, para limpiar el dinero sucio y lavar activos de sus «empleadores».

Por eso preocupa la complacencia o negligencia frente a esa calamidad, de gobiernos anteriores o vigentes como los de López Obrador (México), Rafael Correa (Ecuador), Evo Morales-Arce (Bolivia), Zelaya (Honduras), Ortega-Murillo (Nicaragua), Samper-Petro (Colombia), Kirchner-Alberto Fernández (Argentina), los Castro-Díaz Canel (Cuba), Chávez-Maduro Venezuela…

Pero además espanta la **Narcocultura.** Las *narcotelenovelas* y *narcocorridos* que, con o sin intención, por desafuero de la codicia o simple cretinismo, rozan las fronteras de la figura penal conocida como **Apología del delito.**

En esas novelas y canciones se presenta la lujosa vida de los narcos (dinero a manos llenas, disfrute de voluptuosas mujeres, bien remunerados matones a sueldo, carros de lujo, aviones, armamento abundoso y más moderno que el de la mayoría de los cuerpos policiales, pago de actuaciones a cantantes y músicos famosos, compra de deportistas y equipos…), como algo atractivo para jóvenes condenados a una existencia mediocre, sin recursos y sin ilusiones.

Esos muchachos y muchachas que es necesario salvar del espejismo de una vida que luce suntuosa, pero que además de efímera, termina inevitablemente en tragedia.

PD

(Dato complementario: En 2022 murieron en Estados Unidos unas 107 mil personas por sobredosis de estupefacientes; de ellas más de 70 mil por consumo de fentanilo; en el tráfico de ese opioide sintético que ataca sobre todo a los jóvenes y a la población marginal urbana, se detecta conexión entre China, los carteles de Sinaloa y Jalisco y complicidad de traficantes norteamericanos).

LXXXVII

RESIDENCIA DE ESTUDIANTES DE MADRID (G-27)

E l destellante granadino Federico García Lorca lo precisó:

«¡Qué no es ninguna fonda!»
Estamos divinamente en la Residencia y ya veis que suerte hemos tenido. En Madrid no se puede vivir en otro sitio, pues las casas de huéspedes son nauseabundas y caras, y los hoteles y pisos buenos cuestan un ojo de la cara».

Dos generaciones de radiantes escritores, artistas plásticos y científicos españoles, se encontraron en la Residencia de Estudiantes de Madrid, en las postrimerías del siglo XIX y los albores del XX:

La del 98 (1898), atravesada por el pesimismo y la búsqueda de comprensión de la identidad y destino de España, después de la pérdida con Estados Unidos de las colonias insulares, Cuba, Puerto Rico y Filipinas.

La del 27 (1927) que brotó como un homenaje en el tricentenario de su deceso, al poeta barroco Luis de Góngora y Argote (1561-1627). Sus miembros se propusieron la renovación de las artes y ciencias españolas.

En la Generación del 98, que ejerció su magisterio por universidades, teatros y lejanías, destacaron Miguel de Unamuno, José Ortega y Gasset, Pio Baroja, Francisco Giner de los Ríos, José Martínez Ruiz (Azorín), Antonio y Manuel Machado, Valle Inclán, Ramiro de Maetzu, Menéndez Pidal, Jacinto Benavente, Blasco Ibáñez, Ramón y Cajal, Federico de Onís…

En la del 27, que se fraguó entre 1910 y 36 (estallido de la Guerra Civil) en la Residencia de Estudiantes de Madrid, los protagonistas de mayor vuelo fueron el poeta García Lorca, el cineasta Luis Buñuel y el pintor Salvador Dalí.

Otros destacados fueron los artistas, educadores y científicos de tronío, Juan Ramón Jiménez (Nobel de Literatura 1956), Severo Ochoa (científico), Dámaso Alonso (lingüista), Rafael Alberti, Gerardo Diego, Vicente Aleixandre, León Felipe, José Pepín Bello, Salvador Bacarisse (músico), José Moreno Villa, Jorge Guillén, José Solís Suárez (siquiatra), Pedro Salinas, Manuel Altolaguirre, Luis Cernuda...

La del 27 fue una generación que se comprometió con la modernidad y las nuevas búsquedas en lo humanístico y científico, eso sí, sin negar a la del 98, que le sirvió de inspiración y maestra.

Como se dijo, la Residencia de Estudiantes, fue el espacio vital de los intelectuales del 27, empeñados en preservar la libertad de cátedra, el debate consistente y pluralista, la tolerancia y creatividad, en una sociedad amarrada al pasado, polarizada y virulenta.

Por ese antro de estudios, discusiones y hallazgos, desfilaron como profesores, conferencistas, animados visitantes libertarios y/o, expositores, entre otros estelares locales y foráneos:

Marie Curie, Albert Einstein, Igor Stravinski, Paul Valery, Gilbert Chesterton, John Keynes, H. G. Wells, Rubén Darío, Manuel de Falla, Louis de Aragon, Paul Claudel, Alfonso Reyes, Maurice Ravel, Henri Bergson, Le Corbusier...

Desde la Residencia de Estudiantes de Madrid un lúcido elenco de creadores proyectó para la posteridad, durante casi tres décadas, la emoción y posibilidades de la cultura hispánica.

LXXXVIII

LAS CORNADAS DE «EL CORDOBÉS»

En la década de los 70 del siglo XX, el cantautor hispano-argentino Luis Aguilé, logró un gran impacto con la canción «El tío Calambres», que arrancaba así:
«Salí del pueblo pa'ver la fiesta, la Lola Flores y el Cordobés...».
Desde que fue fundada por el romano Marco Claudio Marcelo (siglo II ADC), a orillas del Guadalquivir y trepando la Sierra Morena, el devenir de Córdoba estuvo pletórico de figuras:

Séneca, filósofo latino, los Abderraman califas de *Al-Andalus,* los médicos y teólogos Averroes y Maimónides, el Gran Capitán Gonzalo Fernández de Córdoba, el poeta Luis de Góngora y Argote, los artistas de Mesa y de Torres, Rafael Orozco (músico), el *mataor* Manuel Rodríguez(Manolete)... Y uno de sus emblemáticos exponentes, aún vivo, nació el 4 de mayo de 1936, en Palma del Río de Córdoba. Su nombre Manuel Benítez, conocido en los rincones taurinos de España y el mundo como **El Cordobés.**

Hoy en día hay mucha controversia por el sufrimiento del toro en los ruedos. Incluso se pide la prohibición de esa actividad que sus seguidores insisten en que se trata de un arte, más que un deporte.

En todo caso son faenas de arraigo histórico en España (y naciones hispanas como Colombia, México y Venezuela), celebradas por *cantaores,* manolas y poetas como expresión del alma aguerrida de los castellanos y sus gustosos desafíos a la muerte.

Vale añadir que se apasionaron por las corridas de toros, celebridades de la literatura y el cine, como Ernests Hemingway y Ava Gadner. Y que uno de los más perfectos poemas de la lengua castellana, lo escribió Federico García Lorca en homenaje al torero Ignacio Sánchez Mejías, que murió de una cornada, como reclama la tradición a los grandes de RUEDO.

Y entre los toreros modernos más atrevidos, heterodoxos, arriesgados y apasionantes, estuvo El Cordobés, que llenó las plazas con sus desplantes y virtuosismo.

Después de completar más de 200 corridas como novillero, este humilde muchacho de Córdoba, debutó como matador en 1963, en la plaza de Las Ventas, con el diestro Antonio Bienvenida como padrino.

Fue el líder de la estadística de toreros en 1965. 67. 70 y 71, y llenó las plazas hasta que se retiró por primera vez en 1979 y definitivamente en el 2000.

Carismático, desenfadado y valiente, convenció a los taurómanos más entendidos, electrizó a los jóvenes y los turistas fascinados por la España de la Fiesta Brava.

Los reyes de España, el ayuntamiento y la gente de su pueblo natal, han reconocido en vida a El Cordobés. Se le otorgaron las distinciones de *Quinto Califa de Córdoba*, la Medalla al *Mérito Turístico*, la del *Mérito de las Bellas Artes,* entre otras,

Se cuenta que a este hombre que venía de lo más bajo de las honduras, en cierta rueda de prensa una periodista le preguntó:

—¿*Señor Benítez usted se arrima mucho al toro. Corre muchos riesgos. No le da miedo una cornada?*

Y el Cordobés le respondió:

—*Señorita.* **Más cornadas da el hambre.**

LXXXIX

PESCA DE ARRASTRE Y ARTE SUMERGIDO

Los océanos son la última frontera para la supervivencia del género humano. Por eso las agresiones que reciben le ponen los pelos de punta a los preocupados por su protección a los alarmados por la contaminación desenfrenada y el cambio climático.

Entre los angustiados por el deterioro marino está un veterano pescador de la Costa Toscana de Italia. **Paolo Fanciulli.**

Con el apoyo de artistas y empresarios conservacionistas, Paolo desarrolló una iniciativa de arte ecológico submarino, **un museo sumergido.** Todo para resguardar el fondo del mar y las especies arrasadas.

4 décadas de lucha contra la pesca ilegal, condujeron a Fanciulli a este compromiso con el destino de la humanidad. El lo expresa así:

«El mar es mi vida y me emocioné mucho cuando tuve esa idea de meter el arte en el mar. Sentí que el Dios del mar (Poseidón-Neptuno) me llamaba para ayudar».

«Llevó años diciéndolo y nada cambia. En reservas marinas protegidas como las de Isola d'Elba, Capriai, Pianosa, de la noche a la mañana algunos barcos apagan su sistema de satélite y, mediante el uso de toneladas de cadenas, destruyen completamente el fondo marino...».

La Pesca de Arrastre es una actividad comercial en entredicho. Se le acusa de depredadora e irresponsable. Pero logra más de la mitad de la captura mundial de peces. Por eso se promueven regulaciones y cuotas de pesca ambientalmente sustentables.

En fin no lastimar la seguridad alimentaria de los consumidores, pero tampoco la integridad de los océanos.

Al respecto solicitamos un comentario a la bióloga marina, abogada y atleta, **Alexandra Terán Casabianca:**

«La Pesca de Arrastre, la destrucción de los fondos marinos y arrecifes de corales... Y claro, la sobrexplotación y faenas sin control en zonas delicadas, han generado un impacto innegable.

Pero prohibir la Pesca de Arrastre tampoco es la solución. ¿Con qué sustituiremos esta fuente de proteína que representa el 25% a nivel mundial? Con carne?

Pues el impacto ambiental de la cría de ganado es enorme. Sólo con emisiones CO_2 es casi 5 veces más. Y a eso añadimos pesticidas, fertilizantes, antibióticos, agua fresca, deforestación y pare Usted de contar.

Mejores tecnologías para reducir el impacto, manejo de capacidad de carga y recuperación de los ecosistemas marinos, van a contribuir a lograr una industria menos destructiva».

XC

CHINA: EL DESAFÍO AMARILLO

Durante milenios occidente ignoró a China y China a occidente. En los siglos anteriores cercanos se hablaba del «peligro amarillo», una supuesta o real pretensión asiática de dominio mundial.

Pero en los tiempos recientes el temor se vio reforzado primero, por el belicoso comunismo maoísta y ahora, por el altanero capitalismo salvaje del partido comunista chino y su caudillo, Xi Jinping.

De un viaje a China en 1981, antes de su actual desenfreno industrial y su empeño en aprovecharse de la bobería populista de mandamases africanos y latinoamericanos, recuerdo las innúmeras masas tristes de caminantes uniformados con sus trajes *mao*, azules o grises, y los millones de bicicletas en Pekín (hoy Beijing), Guangzhou o Shanghai, algunas de las ciudades que visité con unos compañeros entrañables:

Fidias Marcano de VIASA y CORPOTURISMO con su esposa Lía; Oswaldo «Papelón» Borges presidente del Instituto Nacional de Deportes (IND) venezolano y su esposa la también volibolista de alta competencia, Petronila Rivas; Gilberto Flores de la oficina de Protocolo de la Presidencia de la República y su esposa María (el presidente en funciones de Venezuela era Luis Herrera Campins); el periodista Luis «Tres filos» García; y mis colegas diputados de la Comisión de Deportes del Congreso Nacional, Gehard Cartay, Eduardo Morales Gil y Pedro Mena con su esposa Delfina.

Todo era lúgubre, desangelado y receloso en aquella colmena china. Nos repugnó aquel opresivo régimen de control de la ciudadanía (aunque el traductor que nos asignaron, era un joven comunista chino que hablaba castellano con un simpático acento mexicano).

Pero dos, entre otras muestras del vigoroso pasado chino, nos impresionaron. Ambas reconocidas por la UNESCO en 1987 como Patrimonio de la Humanidad:

La Ciudad Prohibida, con su *Palacio de la Suprema Armonía*, residencia de los emperadores, su corte y sus sirvientes. Un complejo de 980 edificios primorosamente alineados en 72 hectáreas.

Esa era precisamente el centro de poder del *Celeste Imperio*. La ciudad, para protegerla de invasiones enemigas y de las indeseadas visitas del pueblo llano, estaba rodeada por un muro de 7.9 metros de altura, y un foso lleno de agua de 6 metros de profundidad y 6.6 mts de ancho.

En la arrogante China de nuestros días, la Ciudad Prohibida con su museo imperial, es sobre todo una atracción turística.

La Gran Muralla China. Una portentosa construcción defensiva de **21.196** kilómetros de largo, comenzada a levantar en la centuria V antes de N.S. Jesucristo.

La muralla, de entre 5 y 8 metros de altura y 5 y 6 de ancho, consta de caminerías interiores, torres de vigilancia, reductos para tropas y armamento, y en su construcción se usaron piedras, barro, madera, granito y hasta plata.

Pero sobre todo se «usó» gente. Unos 300 mil soldados y 500 mil trabajadores civiles. Se estima que para terminarla tuvieron que morir unos 400 mil especialistas y obreros. Por eso se dice que es el *cementerio más largo de la tierra*.

La muralla fue fortificada para que los nómadas vecinos, jamás pudieran conquistar China. Pero como nada es para siempre inexpugnable, en el año 1162 el gran caudillo mongol Temujín (Gengis Khan), logró atravesarla y tomar el imperio.

Por eso cuando Marco Polo estuvo en China en el siglo XIII después de Cristo, se encontró como gobernante de esa poderosa civilización al nieto de Gengis Khan, Kublai Khan, un guerrero que se asimiló a la suntuosa vida del imperio conquistado. Hoy la Muralla es considerada una de las Maravillas modernas del planeta. Al grupo de los diez que la recorrimos en apenas un par de kilómetros en el lejano 1981, nos resultó una experiencia fascinante. De esas que marcan la vida, **que se hacen inolvidables...**

XCI

NATIVOS, PIELES ROJAS Y CARAPÁLIDAS

En el continente americano nadie puede alardear de ser nativo. Como especie, **aquí todos somos inmigrantes.**
O sea que no hay aborígenes aquí («*Ab origene,* desde el origen). El ser humano apareció en el sur de África hace unos 200 mil años. A las Américas, desde la Siberia y a través del Estrecho de Bering (Alaska), los primeros habitantes llegaron entre 30 y 10 mil años atrás.

Lo que sí está claro para los que vivimos en Estados Unidos, es que algunos llegaron primero que otros. Así los españoles arribaron antes que los ingleses y, desde luego, los pueblos indígenas antes que los hispanos y otros europeos, y los asiáticos y polinesios antes que los indígenas.

Al principio los conquistadores y colonos llamaron genéricamente, por simplismo y comodidad, a los indios del área norteamericana, **Pieles Rojas,** impactados por el color pardo cobrizo de los llamados ahora *nativos.*

Hoy en día Piel Roja ha llegado a ser para muchos una expresión de «racismo». Al extremo que un equipo de Washington de fútbol americano con ese nombre, se vio obligado a cambiarlo.

Se reconoce que hay (o hubo) casi 600 tribus norteamericanas, entre otras, apaches, sioux, comanches, cherokkes, mikosukees, seminolas, cheyennes, chickasaw, navajos, pies negro... Y famosos líderes como Toro Sentado, Cochise, Gerónimo, Osceola, Tecumseh, Nube Roja y Caballo Loco (esta es una traducción despectiva de *Tasunka Witko,* el nombre de ese gran guerrero que, en lengua soiux, significaba algo así como Caballo temerario).

A los «Pieles Rojas» se les llamaba sanguinarios por cortar el «cuero cabelludo» de los enemigos vencidos. Ellos lo hacían en busca

209

de honra y por razones religiosas. Pero está registrado que en esa práctica abominable también incurrieron, muchas veces por interés de recompensas económicas, los *carapálidas*, ingleses y franceses.

XCII

LOS CRONISTAS DE INDIAS

Por ser en general los pueblos americanos culturas orales, lo que sabemos de las civilizaciones precolombinas, se lo debemos principalmente a los Cronistas de Indias.

Ellos construyeron los primigenios géneros de historia y literatura fundacionales del Nuevo Mundo hispano. Recogieron los testimonios de los pueblos descubiertos y conquistados, los tradujeron al latín y lenguas romances, en documentos de rigor historiográfico, pero en general sin mayores preocupaciones de estilo.

La mayoría de los cronistas fueron sacerdotes católicos, pero hubo también guerreros y funcionarios civiles que se ocuparon de recoger las tradiciones y costumbres, ritos, avances, mitos, teogonías, relatos de guerra y comunitarios de pueblos como los mayas, aztecas, incas, chibchas, caribes, mapuches, guaraníes, tainos, arawuacos, araucanos, patagones, yanomamis...

El primer cronista de Indias fue el Almirante de la mar océano, Cristóbal Colón, con sus bitácoras de viajes y sus informes a los reyes católicos, Isabel de Castilla y Fernando de Aragón.

Pero el primero que ejerció legalmente el oficio, designado por el monarca Carlos I de España y V de Alemania, emperador del Sacro Imperio Romano Germánico, fue el escritor, botánico y etnógrafo madrileño, Gonzalo Fernández de Oviedo (1478-1557). Otros prominentes cronistas fueron el poeta, sacerdote e historiador, Juan de Castellanos; el soldado y poeta Alonso de Ercilla; el militar e historiador José de Oviedo y Baños; Pedro Cieza de León, conquistador y explorador; los mestizos Hernando de Alvarado Tezozomoc y el el poeta Inca Garcilaso de la Vega; y los conquistadores Hernán Cortés, Juan Ponce de León, Alvar Núñez Cabeza de Vaca, Bernal Díaz del Castillo, Nicolás Federman, Juan de Betanzos... Y por supuesto, los frailes de distintas órdenes católicas: Bernardino de Sahagún,

Francisco López de Gomara, Pedro de Aguado, Antonio de Montesinos, Manuel Lacunza, Pedro de Córdoba, Bartolomé de las Casas, Francisco Vásquez, Joseph Gumilla, Juan Ignacio Molina, Toribio de Benavente, Pedro Mártir de Anglería, Alonso de Ovalle, Antonio Caulín... Hubo desde luego en la América de la conquista y la colonia, cronistas portugueses, ingleses, franceses y de otras nacionalidades. Y como lo señalamos *ut supra*, en tiempos anteriores a Colón, sabios como el rey poeta de Texcoco, México, Netzahualcoyotl.

XCIII

GENOCIDIO BELGA EN EL CONGO

En los seres humanos coexisten la generosidad y la perversión de un modo arduo de comprender. Las atrocidades cometidas por unos hombres contra otros, a través de los milenios, es un asunto oprobioso.

Y no hablamos solo de matanzas como las del mongol Temujín (Gengis Khan) y las perpetradas no hace mucho en Ruanda. Más absurdas y deprimentes son las cometidas por naciones «civilizadas» contra otras llamadas primitivas –o indefensas.

La China antigua, modelo civilizatorio de su tiempo, llevó a tal extremo de refinamiento los tormentos a los prisioneros, que se usa la expresión de *torturas chinas,* a ese minucioso trabajo de los torturadores, que ellos llamaban eufemísticamente, «acariciadores».

La cabalgata árabe, inflada de fanatismo musulmán, arrasó villas, ciudades y naciones.

Las operaciones de exterminio de indígenas por ingleses y sus descendientes en Estados Unidos, se recuerda como una mácula histórica. Aunque no lo hicieron con la misma deliberación y sistema, algo parecido se puede decir de españoles y franceses.

Y en su *guerras floridas,* los aztecas mexicanos capturaban a miles de prisioneros y jovencitas, para sacrificarlos a sus dioses ávidos de sangre.

Las potencias cristianas de occidente, Inglaterra, Francia, España, Bélgica, Holanda, Portugal, desarrollaron, con la complicidad de comerciantes negros de las tribus africanas, el horrísono crimen del tráfico de millones de esclavos.

Los nazis de la culta Alemania, produjeron el *Holocausto*, el asesinato de millones de judíos –y otros cientos de miles de gitanos y disidentes.

Los gobiernos comunistas de Stalin (Rusia) y Mao Ze Dong (China), son culpables de la muerte, por represión o hambrunas, de más de cien millones de ciudadanos.

Y de los muy avanzados ingleses, se recuerdan sus campos de concentración en Suráfrica, Yemén, Kenia, las hambrunas, torturas, saqueos y masacres en otros lugares.

Entre 1915 y 1923, los turcos mataron uno dos millones de armenios y también en los años 30 del siglo XX los comunistas rusos produjeron el *Holodomor,* el exterminio por hambre de millones de ucranianos... Pero no sigamos con barbaridades como las de los ayatolás de Irán y los rusos de Iván el Terrible o Vladimir Putin.

Vamos a reseñar uno de los genocidios más odiosos que ha conocido la humanidad. Ocurrió entre 1885 y 1908, cuando el rey Leopoldo II de Bélgica, con la oferta de que iba a civilizar y cristianizar a los nativos, consiguió la propiedad privada de una nación que hoy en día se conoce como República Democrática del Congo.

El avaro asesino en serie que fue este belga Leopoldo II, para enriquecerse con la explotación del caucho, marfil y otros productos del Congo, protegió abusos como represión desenfrenada, torturas, mutilaciones, violaciones de mujeres y niñas, homicidios y otros desafueros, que al final terminaron en genocidio: unas 10 millones de víctimas.

Esta locura sanguinaria del rey de Bélgica, se hubiera borrada de la memoria de la gente, de no ser por un libro reconocido por *Penguin Books*, como uno de los más valiosos del siglo XX: *«El Corazón de la Tinieblas»,* del genial narrador polaco-británico, Joseph Conrad.

Después Mario Vargas Llosa en *«El Sueño del Celta»,* volvió a tratar el asunto. Y para el filme sobre la guerra de Vietnam, *Apocalipse Now (*Apocalipsis Ahora*),* Francis Ford Coppola, se encontró inspiración en la tragedia asestada a los congoleses por el rey belga.

Vale la pena leer las dos novelas y ver la película.

XCIV

PREMIOS NOBEL DUDOSOS

Alfredo Bernardo Nobel (1833-1896), fue un químico, ingeniero e inventor sueco que, quizás atormentado por la culpa (fue un industrial de guerra: dinamita, armas, cañones...), legó su fortuna a la premiación de benefactores de la humanidad.

Fue así como se crearon los premios Nobel de Química, Física, Medicina (Fisiología), Paz, Economía y Literatura. Y donde han aparecido controversias es en la adjudicación de los literarios.

El Nobel de Literatura lo han recibido notables escritores, verbigracia:

Los españoles Juan Ramón Jiménez y Camilo José Cela; Los británicos Rudyard Kipling (nacido en India), Doris Lessing (nacida en Irán); el irlandés George Bernard Shaw; los alemanes Thomas Mann, Hermann Hesse; el nigeriano Wole Soyinka; los norteamericanos William Faulkner, Toni Morrison, Ernest Hemingway; Isaac Bashevis Singer (judío polaco); Odiseo Elytis (griego); Naguib Mahfuz (egipcio); Nadine Gordimer (surafricana); Kenzaburo Oé (japonés); Gao Xingjian (chino); José Saramago (portugués); los franceses Albert Camus, Anatole France, André Gide, Jean Paul Sartre; el ruso Boris Pasternak...

Sartre recibió el Nobel en 1964 y lo rechazó por razones «filosóficas». Pasternak lo obtuvo en 1958, pero la dictadura comunista soviética lo obligó a rechazarlo.

Dos Nobel de Literatura han sido especialmente polémicos, los concedidos al ilustre estadista Winston Churchill y al celebrado cantautor Bob Dylan. A ellos se les reconoce como grandes figuras, pero no precisamente de la escritura.

Los hispanoamericanos hasta ahora distinguidos con el Nobel fueron, en orden cronológico del recibimiento:

Gabriela Mistral (Chile), Miguel Angel Asturias (Guatemala), Pablo Neruda (Chile), Octavio Paz (México), Gabriel García Márquez (Colombia) y Mario Vargas Llosa (Perú-España).

Grandes escritores por diversos motivos, nunca recibieron el Nobel, lo que muchos consideran una mácula para el premio, entre otros:

Rubén Darío (Nicaragua), León Tolstoi (Rusia), Leopoldo Sedar Senghor (Senegal), Germán Arciniegas (Colombia), James Joyce (Irlanda), Alfonso Reyes (México), Federico García Lorca España), Rómulo Gallegos (Venezuela), Marcel Proust (Francia), Vladimir Nabokov (Rusia-EEUU), Franz Kafka (judío-checo escribió en alemán), Haruki Murakami (Japón), Augusto Roa Bastos (Paraguay), Henri Ibsen (Noruega), Jorge Amado (Brasil), Benito Pérez Galdós (España)...

Pero dos exclusiones manchan perdurablemente el prestigio del Nóbel, se trata de negarlo al argentino Jorge Luis Borges, por sus opiniones políticas, a pesar de haber sido uno de los más grandes escritores contemporáneos.

Y la seguridad que tenemos (y ojalá nos equivoquemos), de que nunca se le otorgará al indio-británico-norteamericano Salman Rushdie, por miedo a la represalia de los fanáticos musulmanes, alentados por los ayatolás de Persia.

XCV

ATENAS, MIAMI, BARBAROS Y EXILIO

La Atenas griega era la Ciudad Luz del siglo V antes de Cristo. Los ciudadanos de esa urbe democrática, filosófica y artística, se sentían privilegiados por ser habitantes de ella. A los extranjeros los llamaban *bárbaros*, porque sostenían que no hablaban un idioma sino una especie de balbuceo infantil, que sonaba como *«bar bar»*.

Por eso los atenienses usaban como principal castigo político el **ostracismo**, la expulsión de su territorio que obligaba al sancionado a tener irse a vivir con los bárbaros o extranjeros.

Miami, ciudad bilingüe, multicultural de innumerable población hispánica, es considerada por muchos la capital de Latinoamérica, o puerta de entrada de los latinos para los Estados Unidos.

Pero Miami es algo más que eso. Es un santuario para los perseguidos políticos y desterrados del continente. Es en verdad la capital del exilio, el refugio de los desnacionalizados.

Aquí se reúnen (o reunieron) antes que todos, las víctimas del despotismo comunista cubano, como Carlos Alberto Montaner, Jorge Mas Canosa, José Ignacio Rasco, Hubert Matos, Angel Cuadra, Pepito Sánchez Boudy, Enrique Ros, Virgilio Beato, Tony Varona, Amado Rodríguez, Diego Suárez, Pedro Corzo, Olga Connor, Salvador Romaní, Tomás Regalado, Modesto Maidique, Juana S. Rodríguez, Tony Ramos, los Díaz Balart, Zully Montero, Tony Costa, Ileana Ros, Tony Esquivel, Alejandra Cossío, Raúl Martínez, Nelly Rojas, Joaquín Gálvez, el poeta Albertini, Angel De Fana, Pedro Ladislao Guerra Bueno, Manolo Salvat, Manino Gómez, Luis Lauredo, Héctor Caraballo, Matilde Alvarez, Tony Ruano, Carmen Gómez y otros cientos de miles oriundos de la Perla de las Antillas, que contribuyeron a convertir al condado de Dade, Florida, en espacio de libertad y refugio para los despatriados.

Y a Miami vinieron a parar también, muchos de los más de siete millones de venezolanos que huyeron del acoso de la narcodictadura castrochavista; los centroamericanos, mexicanos, colombianos, haitianos, argentinos, bolivianos, peruanos, ecuatorianos, brasileros y otros, sin seguridad o sin oportunidades en sus países de origen.

El exilio es un castigo terrible. Pero es más liviano que las prisiones, las torturas, asesinatos, atracos y hambre y toda suerte de agobios, a que están condenados los que luchan por la libertad o simplemente quieren vivir en paz, en las naciones atormentadas por los regímenes autoritarios de izquierda y derecha en nuestro continente.

Y si en algún lugar los desterrados pueden encontrar alivio y solidaridad, es en esta realidad soleada y alegre del sur del estado de Florida.

XCVI

EL MITO DE EL DORADO

Los indios suramericanos y del Caribe, que eran más astutos que la madre que los parió, para alejarlos de sus tierras y evitar castigos y explotación inmisericorde, le metieron en la cabeza a los codiciosos conquistadores europeos, que había una ciudad fabulosa, con un rey que se bañaba en el oro que brotaba por todas partes. Así nació el mito de **El Dorado.**

Según los sagaces indígenas, la riquísima población de los «omaguas», estaba ubicada en un lugar recóndito pero asequible, a no mucho tiempo de caminata o navegación fluvial, en Venezuela, Colombia o la Amazonia.

Muchos audaces conquistadores penetraron las selvas y ríos, buscando afanosamente los dominios del cacique dorado y, muchos murieron o regresaron enfermos, extenuados y con las manos vacías.

Y como toda especulación mitológica o legendaria, la de El Dorado tenía un cierto engarce en la realidad. En verdad existió un rey tribal, Zipa, entre los chibchas (y/o muiscas) del altiplano colombiano, entre los ríos Bogotá y Sogamoso, que en la laguna de Guatavita practicaba ritos bañado en polvo de oro, metal que junto a las esmeraldas, abundaban en la región.

Una parecida fantasía delirante, *Cibola,* destelló en algún lugar de América del Norte.

Con el tiempo los europeos, sin dejar de explotar en el Nuevo Mundo el oro, plata, diamantes y otros minerales, terminaron comprendiendo que el verdadero dorado eran las tierras, fértiles, los ríos, lagos y mares aprovechables y, sobre todo, la dedicación al trabajo y la producción.

En el siglo XX apareció otro dorado, pero oscuro, a pesar de su potencialidad mal aprovechada para el desarrollo, el **oro negro o petróleo.**

XCVII

DESTAPE DEL TAPÓN DE DARIÉN

Desde que tenemos uso de razón oímos hablar de una selva inextricable, pletórica de peligros, que separaba el sur del centro de América.

El Darién, en territorio panameño, a semejanza del infierno dantesco, es un monte «maldito» en el cual creíamos que se podía entrar pero no salir. Incluso la carretera panamericana tuvo que detenerse allí, porque era imposible penetrarla sin devastar los ecosistemas.

Pero he aquí que, en los últimos años, cientos de miles, fugitivos del hambre y la inseguridad en países como Cuba, Haití y Venezuela (y también lugares tan distantes como Bangladesh, Ghana, Senegal y Uzbekistán), atraviesan el Tapón de Darién, muchos mueren en el intento y otros siguen su camino, en busca de los Estados Unidos, el *sueño americano*.

Aproximadamente unos 3 mil migrantes diarios se aventuran a cruzar el Darién. Los cálculos son difíciles porque las autoridades panameñas y colombianas están sobrepasadas por esa calamidad. Se estima que hasta agosto de 2023 atravesaron la selva unas **352 mil personas** (entre ellos más de 60 mil menores, según calcula la UNICEF).

La hazaña de los migrantes está saturada de peligros:

Ríos caudalosos llenos de caimanes, arañas venenosas, pumas y otras fieras, pantanos, serpientes venenosas o constrictoras, enfermedades tropicales como la malaria y el dengue, alacranes…

Y la amenaza más ominosa es el hombre, los traficantes de personas que hacen el viaje (de 3 a 15 días depende de la ruta) oneroso e inseguro. Las violaciones y otros abusos. La presencia de narcotraficantes, paramilitares, pandilleros y cuantos forajidos y pesadillas habitan el infierno de Darién.

Pero la desgracia, aunque tropieza con la inconexión de Panamá, Colombia y Estados Unidos para enfrentarla (y con la avalancha de viajeros), la verdad es que la culpa sin duda la tienen los gobiernos (o desgobiernos) de los países de origen, Cuba, Haití, Venezuela...

El gobierno de Panamá desbordado por la crisis, anuncia deportaciones de migrantes. Y el de Estados unidos que reforzará su apoyo al panameño y colombiano.

La selva o tapón de Darién es un parque nacional de 575 mil hectáreas, reconocido como Patrimonio de la Humanidad por la UNESCO, maltratado por la delincuencia que se refugia en el sitio y, también, por la larga e interminable caminata de los que se atreven a cruzarla (en 2023 los migrantes han depositado unas 9 mil toneladas de basura en los frágiles ecosistemas de la jungla de Darién).

La emigración es una de las grandes tragedias de siempre. El migrante es un ser agobiado por la soledad, el desamparo, la indefensión, impotencia, dependencia, hambre, enfermedades, incertidumbre...

XCVIII

LOS BALAZOS CONSTITUCIONALES

Más o menos mensualmente los medios de comunicación y redes de EEUU fatigan titulares, micrófonos y pantallas, con información de tiroteos en los cuales algún sicópata resentido y/o exhibicionista, con armas de fuego produce una matanza.

Se comenta que entre los países punteros del globo que no están en guerra, es precisamente Estados Unidos, donde más se repiten estos atentados colectivos con saldo de muertos y heridos.

Dicen que es una vergüenza que en la democracia referencial norteamericana, no se haya podido lograr un mecanismo eficiente de control de armas, para que no vayan a parar a manos inapropiadas que llevan a homicidios colectivos, incluso en escuelas y sitios de entretenimiento.

Pero como yo no soy experto en la materia y no *le agarro el rabo a perro que no conozco*, en este caso quise completar este segmento, con la consulta a tres ciudadanos que han reflexionado sobre el asunto.

La primera opinión que quiero consignar, es la del profesor universitario norteamericano-ecuatoriano, **Augusto Maldonado**:
*«La Constitución de Estados Unidos, con la **Enmienda 2**, otorga el derecho a los ciudadanos a portar armas. Ese derecho no implica que las armas puedan usarse para matar, en muchos casos a inocentes.*
*La Ley permite que grupos como la Asociación Nacional del Rifle (**ARN** por sus siglas en inglés), con su gran disponibilidad de dinero, cabildeen para impedir el control de las armas, dando lugar a que caigan en muchos casos en manos de gente indeseada, antisocial y muchas veces enfermas.*
Es necesario que la Ley sea más rigurosa y no facilite que en las cortes se pierda la batalla en pro del control de armas.

Está comprobado que los grandes crímenes ocurren en general, porque la gente que los comete, viola la Ley y procesos de control. La Enmienda 2 no da libertad para que se mate a personas inocentes».

Otra opinión de interés, es la del comunicador social **Ronald García,** esta vez sobre una Ley de Armas en el estado de Florida:
«El gobernador Ron DeSantis logró la aprobación de Ley (HB) 543. Ley que permite a cualquier persona que pueda adquirir un arma en Florida, pueda portarla sin permiso.
Significa que no se requiere capacitación, ni verificación de antecedentes penales y/o sicológicos, para el porte, uso y alarde de armas.
Esta Ley entró en vigencia el 1 de julio del año en curso, a pesar de que una causa de muerte principal en el país y una amenaza para niños y estudiantes, son las armas en manos irresponsables».

Y el reconocido periodista republicano colombo-norteamericano Jaime Flórez, nos dice:
«Causa fundamental de los lamentables y frecuentes episodios de violencia con armas de fuego, que cuestan la vida de una alta cifra de personas en los Estados Unidos, radica en serios problemas de salud mental.
Pero la presencia y el uso prácticamente descontrolado de esas armas, contribuye significativamente a la letalidad de esos incidentes.,
Es imperativo que se encuentren mecanismos de control sobre las armas de fuego, dentro de un marco de respeto a la segunda enmienda de la Constitución.
Soluciones y limitaciones de sentido común, que dejen a un lado las diferencias partidistas».

Bueno, el principio institucional en el que fuimos educados, consagra que las armas son un monopolio del estado y, que por vía de excepción y con el cuidado debido, se les puede conceder derecho de uso a los particulares.

De todos modos **la discusión es necesaria y está abierta...**

XCIX

INTELIGENCIA ARTIFICIAL (Encuesta)

La vida moderna es trepidante, los cambios son vertiginosos hasta el ahogo del ritmo humano.

Afortunada y lógicamente, los jóvenes exhiben mayor capacidad de adaptación al tsunami tecnológico.

Por eso muchos dicen con la despreocupación juvenil que los decora, que ellos **le temen más a la estupidez natural que a la inteligencia artificial.** Al hambre que a los hallazgos del conocimiento.

Y como la inteligencia artificial puede ser el primer o último estadio de la marcha de la humanidad hacia la inexorable robotización, o un recurso de potencia sin límites para el ente humano, es que resolví concluir estas curiosidades con una encuesta.

Los entrevistados son gente de diversas edades, lugares, profesiones, tendencias, religiones, géneros y raleas.

La pregunta:

—¿**Considera Usted que la Inteligencia Artificial es un amenaza, o una promesa para la Humanidad?**

He aquí las respuestas:

ADRIANA BIANCO. Actriz y cineasta argentina.

La IA ya está aquí. Tiene como El dios romano Jano dos caras opuestas. El pasado y el futuro, la apertura y la cerrazón. La IA nos está dando muchos adelantos y herramientas positivas pero puede ser nociva si no sabemos o distorsionamos su función. Depende de nosotros su buen uso. Ya debemos vivir con la IA. Tratemos que sea positiva y un bien para la humanidad.

ROSA TOWDSEND. Periodista España-EEUU.
«Por lo que sabemos hasta el momento (y sabemos poco) las amenazas sobrepasan a las promesas».

EDGARD J. AMADO. Promotor de JUVENEX (Jóvenes venezolanos en el exterior).
Positivo: La Inteligencia Artificial forma parte de la vida diaria y tiene beneficio. Algunos beneficios son: En la educación ayuda a profesores y estudiantes en la investigación. En los departamentos de seguridad detecta con antelación cualquier peligro de la naturaleza o de otro tipo, y también, ayuda a personas con algún tipo de discapacidad física, como es el caso de los carros inteligentes entre otros beneficios. También en el área de la alimentación como algunos supermercados y otros establecimientos con el uso de cajas automatizadas para escaneo.

La otra cara de la moneda es que empresas como Amazon incorporaron la inteligencia artificial, pero el uso de esa tecnología deja a muchas personas sin empleo

En la educación los estudiantes la pueden utilizar para hacer ensayos en pocos minutos, con solo una orden, perdiéndose la creatividad de los futuros profesionales.

SILVIA AMELIA TRUJILLO. Educadora peruana.
Empezaré remarcando que la inteligencia artificial se ha presentado como una alternativa muy potente para mejorar nuestra vida a todos los niveles. Pues vemos como el avance de la tecnología se está convirtiéndose en uno de los principales motores de nuestra economía, por supuesto teniendo sus riesgos y peligros.

Cada día vemos como en todas las tareas relacionadas con procesos de producción y con labores técnicas hay una clara predilección hacia la Inteligencia Artificial. Las grandes empresas están a favor de las soluciones basadas en la Inteligencia Artificial, especialmente en el diagnóstico de errores en las máquinas, en la producción industrial de bienes y máquinas, y en la industria aeroespacial y otras industrias de alta tecnología.

La Inteligencia Artificial es una puerta abierta a un futuro en que la humanidad tendrá que especializarse en su valor diferenciador en el trato personal, la toma de decisiones complejas y la creatividad.

Por otro lado podemos aprovechar la IA para mejorar la eficiencia y progresar de manera más rápida, eso quiere decir que tendremos que enfrentar también el progreso desmedido. Por eso es importante considerar una serie de bases éticas y legislaciones, para protegernos en el desarrollo de la IA pues esto será clave para lograr un progreso humano, que permita también avanzar en derechos y libertades.

MANNIE MONTENEGRO. Joven empresario de Aviación. Sarasota, Florida, EEUU.

Hola Alexis, es un tema que yo personalmente no he estudiado mucho pero trato de mantenerme a el tanto de la tecnología, por lo cual diría que, como todo tipo de tecnología comienza como una promesa, y a la larga resuelve más problemas que los que originalmente fue diseñada para resolver.

Pienso que está en nuestras manos continuar estableciendo límites para que siga siendo algo bueno y no una amenaza como la gente teme. Todo tipo de tecnología posee el peligro de ser mal usada y estoy seguro que vamos a ver esos peligros, pero al final nos va a transformar como humanidad

VILMA PETRASH. Politóloga y profesora universitaria.

El impacto de la IA para la humanidad depende de la aplicación que le demos a esta revolución informática sin precedentes. Por ejemplo, en el mundo académico, ofrece la oportunidad de una investigación más expedita y una educación personalizada, pero entraña el riesgo de plagio y manipulación de datos.

En el periodismo, agiliza la comprobación de hechos y la generación de contenidos, pero puede también facilitar falsificaciones o narrativas sesgadas. Para las empresas, la IA optimiza las operaciones y mejora la toma de decisiones; sin embargo, puede asimismo fomentar la competencia desleal o la pérdida de puestos de trabajo.

En política, la IA puede ayudar a optimizar las políticas y la participación pública, pero también puede favorecer la vigilancia extrema de ciudadanos o adversarios políticos y las campañas desinformación.

Es decir que para aprovechar el inmenso potencial y mitigar los posibles riesgos de la IA, es necesaria una supervisión ética y legal adecuada y oportuna.

LUIS ALFREDO ANDARCIA. Productor comunicacional y de espectáculos.

Alexis, la verdad yo veo la Inteligencia Artificial (AI) como una herramienta que puede ser buena o mala según su uso. Pienso que te ahorra tiempo para tareas rutinarias pero cuando tú escribes sobre algo que realmente te apasiona, nada mejor que lo que te va saliendo de tu interior, quizás por eso luego hay gente que le gusta y otros no, pero en verdad, como tú ves las cosas y lo sientes, esa es tu real posición.

GABRIELA ORTIZ GARCIA. Joven actriz y directora teatral. Madrid. España.

Considero que, como toda la tecnología, la AI es tanto una amenaza como una promesa para la sociedad. Su uso depende del ser humano, y de las intenciones y capacidades de este. La AI puede ser utilizada tanto para agilizar trabajo administrativo, como para simular desnudos de famosos (y no famosos también). La verdadera pregunta es ¿por qué no se ha hecho más hincapié ciudadano en que se invierta en educación tecnológica integral para todas las edades, que ayude a los usuarios a sacar el mejor provecho de la tecnología, de la manera más responsable, ética y empática posible?

ISAMAR VIVEROS MONTILLA. Joven politóloga e internacionalista. Margate. Florida. EEUU.

Nuestro día a día está rodeado de inteligencia artificial que facilita muchas interacciones. Yo pienso que es una promesa a una sociedad más eficaz siempre y cuando se sepa usar. Por ejemplo, mi banco creó una «asistente virtual» que proporciona una respuesta a todas mis dudas sin que yo pierda mi valioso tiempo en ir a un banco en persona o a ver una llamada esperando para ser atendida. He reportado fraudes de tarjeta, comprado monedas extranjeras, entre otros en cuestión de segundos usando dicha herramienta. En esencia, no es una amenaza sino una promesa a una sociedad más avanzada y eficaz.

FERRAN CALATAYUD. CEO Broward International University. Florida. EEUU. (Valencia. España).

«La inteligencia artificial representa una oportunidad crucial para la humanidad. Adoptar un enfoque audaz y constructivo es esencial. Al canalizar su potencial de manera positiva y ética, podemos cosechar beneficios significativos y mitigar posibles desafíos. El miedo limitante podría llevar a usos negativos clandestinos, por lo que abrazarla con responsabilidad es clave para un futuro prometedor».

MERCEDES MECHITA VIVAS. Socióloga. Profesora universitaria. París. Francia.

La Inteligencia Artificial puede ser a la vez una amenaza y una oportunidad. Si no se toman las correspondientes medidas de regulación y control, se puede convertir en amenaza. Y, generarse efectos perversos. Pero estimo que, habrá la suficiente sabiduría humana para que sea una formidable oportunidad. Las empresas y conglomerados productores de IA están generando dispositivos adecuados para que no se les vaya de las manos. Y, se convierta en amenaza. Estimo que, la IA se inscribe en esa extraordinaria dinámica que ha venido desplegándose con la revolución de las nuevas tecnologías. No, no le temo al progreso. La inteligencia humana continúa siendo superior a la Inteligencia Artificial.

JUAN DIRCIE. Director para Latinoamérica, España y Portugal de la Universidad de *Tel Aviv,* Israel.

Creo que es una oportunidad, y lo pienso muy enfocado en las posibilidades de diagnóstico y tratamiento médico que se multiplican gracias al uso de esta herramienta. El acceso a la Inteligencia artificial deber estar acompañando de una regulación efectiva que evite su mal uso y el abuso de la misma.

MARIA WERLAU. Profesora universitaria cubano-norteamericana. FIU.

Por ahora solo estamos asomándonos a lo que es capaz la IA. Puede ser un arma destructiva, pero puede hacer mucho bien; todo depende del libre albedrío de las personas. Tengo fé de que el mundo se irá adaptando a esta novedad con la creatividad y flexibilidad con que lo ha hecho con otras tecnologías que han impactado grandemente a la humanidad. Pero esta herramienta en especial determinará si la especie humana como un colectivo demostrará decidirá por el bien o por el mal.

GABI GARCIA. Arquitecta. Presidenta de *Engagement Foundation*.

La IA es una herramienta que inevitablemente viene a cambiar las formas, los tiempos y los modos de intercambio de información en la humanidad.

Como todo cambio, muchos perciben a la IA como una amenaza a los mecanismos conocidos, que intenta sustituir al individuo y que viene a automatizar todos los procesos creativos existentes. Sin embargo, la civilización ha aprendido a adaptarse a los diferentes cambios a lo largo de los siglos, siempre buscando mejores soluciones a los problemas que enfrenta la humanidad.

La IA sin duda nos va arrastrar una nueva revolución que va permitir un mundo nuevo lleno de posibilidades en cualquier ámbito y su uso correcto puede ayudarnos a alcanzar nuevos espacios, antes quizás jamás concebidos.

El reto en esta nueva etapa es asegurarnos que el manejo de la IA no intente sustituir el talento humano, sino que podamos manejarla como un instrumento que contribuya a mejorar y enriquecer las habilidades individuales y nos permita mejorar las condiciones de vida en nuestras sociedades.

JOSE ANTONIO COLINA. Teniente de la Guardia Nacional venezolana. Exiliado en Miami.

La inteligencia artificial en sí misma no es inherentemente una amenaza para la humanidad. Sin embargo, si no se maneja adecuadamente, puede plantear riesgos significativos. Estos riesgos incluyen el mal uso de la tecnología, la toma de decisiones sesgadas, la pérdida de empleos debido a la automatización y posibles problemas éticos y de privacidad. Es esencial abordar estos desafíos de manera responsable y ética para aprovechar al máximo los beneficios de la IA y mitigar sus posibles impactos negativos

DANIEL PEDRERIA. PEN CLUB de escritores cubanos en el exilio. Miami. EEUU.

«El papel que jugará la Inteligencia Artificial en la humanidad depende de los mismos seres humanos, ya que la crearon y pueden manipularla. Como cualquier invención humana, la Inteligencia Artificial será tanto promesa como amenaza, y depende de la humanidad diseñar y utilizarla responsablemente».

ROBERTO MACHO. Presidente del Centro Cultural Argentino de Florida. Cámara de Comercio Argentina-EEUU.

La inteligencia artificial no es más que una creación del ser humano y, como tal, es una herramienta cuyo beneficio o impacto negativo depende de quien utiliza esa herramienta. En sí misma la IA no es ni buena ni mala, en todo caso los buenos o los malos son quienes hacen uso de ella, y por lo tanto puede tener incalculables beneficios o resultar una forma más de destrucción de la humanidad.

LUIS ENMANUEL LOPEZ. Joven politólogo. Chicago. EEUU.

La inteligencia artificial (IA) se erige como una innovación de profundo alcance, equiparable a epopeyas técnicas del pasado, como el telégrafo en la década de 1830 o el teléfono, fraguado en el ingenio de Alexander G. Bell en 1876.

Sin lugar a dudas, suscita cuestionamientos sobre su eventual amenaza en ámbitos profesionales específicos. Así, disciplinas como la traducción, la escritura amateur y el diseño gráfico podrían verse inmersas en un paradigma de desafíos considerables, impulsados por los avances de la IA.

En resumidas cuentas, la IA, en su esencia, no ostenta una dualidad de virtud o perversidad inherente; su trascendencia en la humanidad gravita inextricablemente en torno a su aplicación y en la meticulosa adopción de medidas atenuantes de posibles riesgos.

RAYNEL MARTINEZ. Oficial de la Fuerza Aérea Venezolana exiliada en Austin, Texas, EEUU.

En mi análisis la inteligencia artificial es una amenaza para la raza humana, porque si bien es cierto podría ayudar en aspectos médicos y de desarrollo tecnológico, la realidad más tangible, cruel y dura es que va a producir la desaceleración de la agilidad del pensamiento humano pudiendo convertirse en la peor muletilla del ser humano donde todo el accionar del hombre dependerá de lo que se programe y quien y para que lo programe, será la peor forma de dominación auto creada. La capacidad de razonar se va a ver reducida a expresiones mínimas y la voluntad condicionada a la norma preestablecida.

La libertad muere cuando la IA sea la que eduque las nuevas generaciones y ya no serán necesarios ni el padre ni la madre y ni el perro. Todo será sustituido por la compañía apacible y controladora de una máquina que pasa a ser amiga y secuestradora.

En el aspecto militar será la que cree ejércitos de autómatas que solo recibirán órdenes, sin corazón y sin otro razonamiento, que aquel que esté en su algoritmo. Una IA no conoce el disfrute de lo bonito y de lo armónico del espíritu, porque ese concepto solo está en el alma del ser humano y eso no puede hacerse artificialmente.

Se acercan décadas de mucha convulsión para la humanidad y aquello que parecía ciencia ficción hoy empieza a abrirse camino hacia el mundo del robot por encima del hombre, donde hasta el Dios que era temido y aclamado dejará de existir.

LEOPOLDO POLO GONZALEZ. Médico. Lechería. Anzoátegui. Venezuela.

La IA es la evolución, algo que no puede detenerse ni evitarse; después de la creación del internet y la globalización, tarde o temprano iba a llegar. El hombre para sobrevivir, debe constantemente adaptarse a los cambios y este es uno de los más relevantes. Obviamente tendrá sus pros y sus contras, pero bien manejada, definitivamente es una oportunidad.

FRANCISCO SALAZAR CABELLO. Ingeniero de Sistemas. Santiago de Chile. Caripe-Venezuela.

El beneficio o perjuicio de la inteligencia artificial para la humanidad está íntimamente relacionado a la visión del analista. Además de profesional de la informática soy católico practicante. En mi opinión la IA tiende a suplantar la cualidad que distingue al ser humano de las demás criaturas, el raciocinio. A mi juicio es más peligrosa que provechosa

MARIA EUGENIA PARDO. Periodista y consultora comunicacional.

La inteligencia artificial es un punto de quiebre en la evolución de la humanidad, y como tal, será determinante en el futuro de las nuevas generaciones. Sus efectos dependerán de las intenciones de quienes la continúen desarrollando, la usen y la implementen. En manos equivocadas, será fatal. En las manos correctas, cambiará el mundo para bien.

VINICIO LUDOVIC. Pianista. Compositor y arreglista.

La inteligencia artificial es una "prótesis" más de las que los humanos hemos hecho. En este caso es una extensión de nuestro cerebro. Será beneficiosa o dañina en la medida del hombre mismo, que ya sabemos que puede ser Miguel Angel o Stalin. Los avances son inevitables y oponerse a ellos porque los vamos a usar mal, sería como afirmar que la física es condenable porque sin ella no sería posible fabricar la bomba atómica.

JOHN HOMEZ. Ingeniero y comentarista deportivo (Béisbol).

Si la Inteligencia artificial es capaz de lograr el derecho de las personas para elegir de manera responsable su propia forma de actuar dentro de una sociedad, de manera solidaria, digna, con respeto y empatía, entonces podemos decir que es una extraordinaria promesa. De lo contrario no solo será una amenaza sino el fin.

PEDRO FREITES. Sacerdote católico. Comisión de Comunicaciones del Vaticano.

En cuanto al tema de la Inteligencia artificial, vemos que está en pleno Auge, desde donde se abre en la Aldea Global ya anunciada por McLuhan, grandes horizontes hasta hoy desconocidos, pues la inteligencia artificial plantea serios dilemas Éticos y jurídicos. Es un universo global sin límites ni fronteras, que en cierta medida pareciera que pretende crear al SuperHombre sin límites, el hombre lanzado a la esfera del universo de las nuevas tecnologías, desde donde se quisiera tener el control de todo y a su vez un universo sin control. Donde los poderosos del mundo quieren dominar al ser humano y a su vez desde mi poco conocimiento de la materia se abre el camino a la deshumanización…

NICOLAS ROMERO ARENAS. Joven empresario de bienes raíces. Miami-Orlando, Florida Estados Unidos.

Es una herramienta muy poderosa, con capacidades que todavía no hemos ni si quiera pensado. Existen ambas posibilidades, tanto de avance como de destrucción. Puede hacernos más productivos y liberar tiempo para cosas más satisfactorias e importantes, del mismo modo que puede controlarnos o volvernos estúpidos. Hay que regularlo fuertemente y pensar profundamente sobre cómo y cuándo introducirlo en las escuelas y los trabajos, sin disminuir la necesidad y la capacidad de las personas (o del ser humano) de aprender y pensar críticamente.

RAFA FERNANDEZ GONZALEZ. Joven empresario. Doral, Florida, EEUU.

La Inteligencia artificial es una rama de la tecnología que podría a corto plazo ser un avance inmenso para la humanidad. Es un hecho que el pensamiento de una computadora siendo usado para avances en cualquier industria la adelantará años luz ya que una computadora tiene capacidades para resolver problemas infinitamente más rápido y más preciso que la humana. Dicho esto estamos en su germinación y toca ponerle límites y condiciones rápidamente por que al poder ser autosuficiente y darse cuenta que necesita del planeta Tierra para su existencia, se dará cuenta rápidamente que los humanos somos un vermin que puede afectar su supervivencia. Estamos lejos de que sea un ser sensible a su existencia pero toca pensar en eso antes de que lo haga por nosotros

SERGIO BOFELLI. Periodista nicaragüense.
«La prudencia, como en toda complejidad, debe ser la brújula. Dicen beneficiará las ciencias, alterará el mundo laboral, incluso podría «rebelarse» con consecuencias insospechadas. ¿Cuáles los objetivos finales de sus creadores? ¿Desplazará a la inteligencia humana? Transparencia, regulación, resultan imperativas.»

JOSEPH HAGUE. Analista internacional. Libanés-norteamericano.
La IA es una promesa para la humanidad siempre y cuando su uso lo orienten hacia el bienestar de la sociedad. La contrariedad de los maleficios es la que convierte a la promesa al egocentrismo. Alfred Nobel tenía una promesa que convirtieron los egocéntricos en un atropello para la humanidad.

GREGORIO GARCIA AFONSO. Empresario automotriz. Puerto Rico-Venezuela.
Mientras la inteligencia artificial no supere a la inteligencia humana, ella será una promesa para la humanidad, por supuesto que a medida que la inteligencia artificial se vaya aplicando en las diferentes áreas del quehacer humano, conllevaría a un cambio drástico en la conducta y la manera de interactuar del ser humano con su nuevo entorno, como ejemplo de esos cambios tenemos a la industria auto-

motriz, ya prácticamente no se necesitan trabajadores en las líneas de ensamblajes, ahora esos trabajos los hacen los robots.

LUIS FELIPE VALERA. Médico. Las Vegas y Houston, Estados Unidos. Barcelona, Venezuela.

Esta no es una pregunta fácil por las diferentes ramificaciones que tiene. La Inteligencia Artificial no debe de verse como una amenaza para la humanidad, porque sin duda traerá enormes usos y beneficios. Pero, debemos tener claro que aparecerán mentes retorcidas y perversas que intentarán darle otro uso para su propio beneficio.

Todo va a depender en que los genios creadores de la Inteligencia Artificial construyan en paralelo los elementos de control y seguridad para que la misma no se convierta en una amenaza real.

VLADIMIRO MUJICA. Químico. Profesor de la Universidad de Arizona. Phoenix, EEUU.

La Inteligencia Artificial (IA) representa, simultáneamente, una promesa y una amenaza para la humanidad. Promesa, en la medida que permite manejar información con recursos informáticos y de análisis que pueden exceder y ampliar las capacidades humanas. Amenaza, en cuanto a que el uso no regulado de la IA se puede traducir en la entrega de decisiones cruciales sobre asuntos sociales, humanos y de equilibrio del planeta, con consecuencias éticas muy cuestionables. A esto se le añade el uso que hacen los gobiernos autoritarios de IA, para imponer una forma control social que atenta contra los valores de la libertad y la democracia.

CLAUDIA PRENGLER-STAROSTA. Escritora judía – argentina-venezolana.

Pienso que la Inteligencia Artificial es una innovación tecnológica muy importante en estos tiempos; y que puede usarse para lograr avances que pudieran ser muy positivos para mejorar la vida del ser humano.

Hace tan solo diez años, apenas se hablaba de la Inteligencia Artificial. Seguramente nos traerá muchos beneficios en áreas como la investigación tecnológica y proyectos de alto nivel en muchas áreas como la educación, medicina, ingeniería, escritura, periodismo y tantas otras.

Sin embargo, debemos estar conscientes que la IA pudiera caer en manos de algún inescrupuloso, pero para eso estarán los profesionales que estudian a fondo esta nueva ciencia quienes serán los encargados de tomar las respectivas previsiones de seguridad. Confío que la IA es y será un factor de crecimiento para la humanidad y que seguirán apareciendo cosas nuevas que nos sorprenderán. La curiosidad y el hambre de sabiduría siempre estarán presentes.

MALENA RONCAYOLO. Cineasta y escritora.

La Inteligencia Artificial es un logro resultante de un desarrollo que comenzó hace décadas y ha fructificado en los últimos cinco años. Ha sido beneficiosa para los seres humanos en la medida que facilita las actividades de la ciencia, la educación, la investigación y el desempeño profesional en un amplísimo espectro. Ejemplo de ello, mencionaré el desarrollo científico en la salud, con la detección y prevención oportuna de enfermedades, para el bienestar insospechado de los pacientes.

También es notoria la aplicación en la tecnología, y se ha perfeccionado en la creación y utilización efectiva de las llamadas *altas tecnologías*. Como ejemplo de ellas tenemos la alcanzada en la construcción de automóviles de conducción autónoma, los GPS de alta sofisticación, en los adelantos satelitales, en el campo militar, etc. Porque definitivamente, la Inteligencia artificial arropa una enorme superficie de actividades.

¿Es ilimitada?, quizás no, pero la frontera todavía no la hemos avizorado.

Y es que, la Inteligencia Artificial no es tan solo beneficiosa para la humanidad, también puede convertirse en peligrosa. En la medida que vaya desarrollando habilidades y adquiriendo tareas que hasta la fecha son realizadas por las personas, la desaparición de empleos puede verse acelerada por ella y por lo tanto, millones de personas serían desalojadas de sus tareas y por consiguiente el desempleo global aumentaría exponencial.

El filósofo israelí Yuval Noah Harari ha postulado que los seres humanos que serían desplazados por la Inteligencia Artificial, en su mayoría no recuperarían un empleo y pasarían a la humillante condición de *personas irrelevantes*.

En mi campo profesional, como escritora y directora audiovisual la Inteligencia Artificial se menciona como una gran amenaza, pues se dice que está capacitada para la creación literaria; escribe poesía, narrativa y cualquier texto que se le solicite, sobre todo argumentos e historias para cine y TV. De hecho, una de las exigencias de la extendida huelga de guionista de la industria audiovisual en USA es porque el talento humano no sea remplazado por las máquinas.

Además de sus implicaciones económicas, políticas y tecnológicas, la Inteligencia Artificial tiene profundas connotaciones éticas, por sus ventajas y peligros. Por ello, su desarrollo y aplicación deberían estar sujetos a un profundo y amplio debate en el seno de la sociedad.

EDDIE RAMIREZ. Gente del Petróleo. Venezuela-Canadá.

En cada etapa de la humanidad en la que surge un importante avance de la ciencia y de la tecnología, algunos perciben amenazas y otros visualizan oportunidades. Recordemos que la revolución industrial hizo creer a muchos que ocasionaría un gran desempleo, por lo que se vieron casos de sabotaje a las máquinas. El resultado fue lo contrario, aumentó la producción y se crearon nuevas fuentes de trabajo. Desde luego que hubo desajustes momentáneos y los obreros tuvieron que aprender a manejar y a mantener las máquinas.

Cuando el aceite de ballena fue sustituido por los hidrocarburos como fuente del alumbrado, se perjudicaron los balleneros, pero la humanidad avanzó.   La inteligencia artificial es indetenible. Ocasionará desempleo en algunas áreas y tiene el peligro de que en ciertas actividades causará confusión entre lo que es real y lo que no es. Habrá que establecer legislación y controles al respecto para evitar - plagios y su utilización para hacer el mal. Sin embargo, a medida que avance se producirán grandes avances en la mayoría de las actividades. Los médicos tendrán una mejor herramienta para hacer diagnósticos, se podrán elaborar nuevos medicamentos en muy poco tiempo, para citar solo casos en el área de salud. Desde luego, las universidades y tecnológicos tendrán que hacer una adaptación muy rápida de los pensa de estudios, pero también el resto del sistema educativo. Los países menos avanzados tendrán dificultades para lograr el desarrollo, por lo que el reto es cómo lograr que las diferencias existentes no se hagan mayores. Quizá en vez de hablar de amenazas y promesas, se hable de amenazas y oportunidades

PEDRO CABRERA. Sociólogo y emprendedor. Doral, EEUU.

Desde mi perspectiva, la Inteligencia Artificial (IA) plantea una dualidad de consecuencias. Por un lado, brinda eficiencia y avances en áreas como medicina, transporte y automatización, facilitando análisis de datos. No obstante, surgen desafíos: pérdida de empleos por automatización y opacidad en decisiones algorítmicas. El dilema reside en balancear las ventajas con una regulación ética para reducir riesgos sociales y preservar valores humanos. En última instancia, creo que el dilema principal se encuentra en cómo encontrar el equilibrio adecuado. Es evidente que los beneficios de la IA son innegables pero es crucial abordar los riesgos que plantea.

LUIS RAUL PERICHI. Matemático. Universidad de Puerto Rico.

La Inteligencia Artificial es el nuevo estadio tecnológico de la historia, es una realidad progresiva ineludible. Al igual que la fisión - nuclear o la microbiología médica tiene el potencial de hacer avanzar o destruir al homo sapiens. Lo fundamental es, al igual que la capacidad de fisión atómica o de medicamentos y vacunas, que tiene que ser altamente regulado, nacional e internacionalmente, para evitar al máximo los potenciales perjuicios y potenciar los beneficios. AI no es una opción. Es la nueva etapa de la historia. Pero igual que las investigaciones medicas con seres humanos, debe tener pautas muy rigurosas, debe ser regulado meticulosamente y evaluado su cumplimiento. Una de ellas es la identificación: si una comunicación no viene de un ser humano, esto debe ser explicito. Otra de ellas es la regulación específica de AI para la guerra. Una tercera es la necesidad de restringir las comunicaciones internas AI's e internet. Las Naciones Unidas deben tener una primerísima responsabilidad en lograr acuerdos internacionales y nacionales.

GONZALO GONZALEZ. Empresario de Publicidad. Miami. Estados Unidos.

Los beneficios de la IA son innegables e inevitables. Desde tratamientos e investigaciones en la medicina y la ciencia, automatización informática, hasta el reemplazo de millones de trabajos. La IA está generando cambios radicales en la forma en que vivimos todos los aspectos de nuestras vidas.

El balance de los efectos de la IA va a depender del uso le den los actores que tengan acceso a esta herramienta. Ya se está utilizando para desinformación, fraude electrónico y violación de privacidad. La tecnología avanza mucho más rápido que la capacidad de los gobiernos de regularla.

La amenaza es que el vertiginoso aumento de la capacidad de la IA de aprender, junto al incremento de la capacidad de computación -especialmente con ordenadores cuánticos- pueda acelerar la llegada de la «singularidad». Ese momento cuando la IA haya avanzado a un punto en el cual pueda mejorarse a sí misma de forma exponencial. Parece ciencia ficción, pero en ese momento los humanos no tendrán la capacidad de entenderla y controlarla.

MARTHA LUCIA GOMEZ. Periodista colombo-norteamericana.

Por supuesto que es una promesa. Indudablemente no podemos resistirnos a la tecnología, sino aliarnos positivamente con ella.

Esa es también una forma de sobrevivir y por desarrollada que la IA esté, el ser humano siempre será humano.

IRIS VIVAS –TARRE. Farmaceuta y gerente empresarial. Washington. EEUU.

La IA constituye un salto descomunal en la historia de la humanidad. Se ha comparado con el Renacimiento, con la invención de la imprenta o con la aparición de las redes.

Sin duda, desde el punto de vista del manejo de información, representa un salto cuántico. Muy superior a Google o a otros buscadores. Nos ahorrará horas de investigación y de búsqueda, dándonos una información completa e inmediata.

Se señala que trae inmensos riesgos y que las máquinas podrán sustituir a los seres humanos y asumir el control del planeta. Por ahora eso es ciencia ficción.

También se habla, con mayor pertinencia, de que reemplazaría a millones de trabajadores, artistas y creadores, en parte importante de la actividad que hoy desempeñan.

Creo que ese riesgo se ha presentado con otras revoluciones tecnológicas. Pero el ser humano aporta un elemento esencial, que tiene que ver con el alma, con aquello que nos hace únicos en toda la creación. Hay una *«chispa»* que solo tenemos los hijos de Dios, que no parece reemplazable:

Las grandes decisiones, la creación artística, las hazañas deportivas, seguirán dependiendo de nuestra razón y no se perderá el poder de decidir, así sea en última instancia.

Enrique «Pibe» Fernández. Consultor comunicacional y productor audiovisual. México.

El universo y la vida como la conocemos se rigen por el equilibrio, cuando este se pierde trae consecuencias inimaginables.

Nuestros principales problemas como género tienen su origen en el desequilibrio, de ahí se generan la pobreza, el cambio climático, el hambre en el mundo, el descontento social, el populismo, por poner algunos ejemplos.

El desequilibrio ha propiciado la aparición de personajes funestos como Hitler, Mao Tse Tung, Fidel Castro, Chávez, Stalin, Putin, Jinpíng, Khamenei…

La Inteligencia Artificial por sus características tarde o temprano acrecentará aún más la brecha social entre pobres y ricos y como consecuencia aumentará las tensiones sociales, si no cuenta con rígidos controles y candados para su uso, desarrollo y aplicación. Estamos en la antesala de una generación mundial de nuevos desempleados, de personas más curiosas, pero con una alta ignorancia.

Ciertamente la IA tendrá un campo de aplicación impresionante y benéfico en el desarrollo tecnológico, medicina, exploración espacial, en la optimización de proyectos, en la aplicación correcta y justa de los presupuestos gubernamentales, sin embargo el uso abierto de esta herramienta propiciará en un corto plazo problemas que van desde manipulación de la información, generación de *fake news*, hasta fraudes, desarrollo de armas y violencia.

Lo aterrador de la IA es su capacidad de aprendizaje. ¿En cuánto tiempo la IA será creadora de vida? Es decir, ¿Cuándo tendrá la capacidad de crear otras máquinas superiores a su semejanza?

Ya sucedió: En julio de 2017 saltaron todas las alarmas. Dos *chat bots* de *Facebook* habían desarrollado un lenguaje propio que no entendían sus programadores, al final sin embargo, fue un simple error de programación, pero ya es un antecedente.

La IA es una herramienta con el potencial de aprender, de auto configurarse, de buscar su supervivencia sobre todas las cosas, con la capacidad de controlar y tener un pensamiento lógico deshumanizado.

La película «*The Terminator*» parecería profética, pues plantea que la máquina, en su pensamiento totalmente lógico, decide que la raza humana es una especie parásita que no aporta más que problemas, que depreda, rompe el equilibrio y por lo tanto debe ser exterminada, es una plaga.

Todo esto suena a ciencia ficción, pero recordemos que la Inteligencia Artificial es resultado del poder de la imaginación.

La IA hará mayor el desequilibrio...Hagamos más por los equilibrios.

PD.

Cuando estaba por terminar estas páginas, recibí una invitación de la Broward International University de Florida, para participar en un panel sobre inteligencia artificial.

Como no soy entendido en la materia, recurrí a varios conocedores y leí un buen paquete de documentos, reportajes y opiniones.

En verdad la lectura que me resultó más provechosa fue el libro del especialista Pablo Muñoz Iturrieta: ***«APAGA EL CELULAR Y ENCIENDE TU CEREBRO»***.

COMENTARIO POSTRERO:

Como esperamos haber explicado, esta obra tiene el propósito de estimular a jóvenes y adultos a **LEER**, hábito en decadencia en este mundo dominado por lo que Vargas Llosa llamó en un libro irremplazable *«La Civilización del Espectáculo»*, donde el entretenimiento, lo efímero, instantáneo, caótico, banal, escueto, epidérmico y hasta lo cretino (veneración de la ciencia con asco a las humanidades), constituyen la cultura dominante.

Por eso estas páginas pretenden más promover la lectura que ser leídas masivamente. Más animar al lector a informarse que asumir nosotros la inmodestia de informadores. Tratamos de hacerlo sencillo y conciso. Sin concesiones a la pantallería intelectual o la arrogancia palabrera.

Y como aquedó dicho al inicio, procuramos escribirlo con intención democrática. Apelando a un formato de temas diversos que **permite al lector seleccionar lo que quiere leer y desechar lo que no.** Se trata de respetar el interés y el gusto de quien manosea u hojea este libro.

Insistimos, lo importante es que el ciudadano responsable y libre se acostumbre a leer. Se cultive, humanice y libere a sí mismo con la lectura.

Aunque obviamente el empeño de este libro es más pedagógico que de distracción, de todos modos buscamos no ser fastidiosos pero, inevitablemente, tuvimos que forzar el uso de algunos de esos vocablos «domingueros», cuyo significado la gente de mi generación busca en los diccionarios, y los más jóvenes consultando al señor **Google.** Ambas opciones son idóneas para tal fin.

Otra precisión debo hacer, como otros de mi edad y estirpe, suelo tener una relación amorosa, sensual, de tocamiento y mirada, con el libro físico, de hojas que se acarician con ternura cercana al erotismo.

Pero no desaconsejo la lectura digital, a los *e-books*, ni a ningún modo de informarse. Leer es siempre mejor que no hacerlo, en el teléfono, laptop, de cualquier manera. La experiencia me indica que todo camino es bueno para lograr el hábito de leer. Yo debo confesar que el mío lo comencé con las novelitas de vaqueros del oeste norteamericano, del español Marcel La Fuente Estefanía.

Después de eso no pude parar y he leído vorazmente documentos, artículos, reportajes, monografías, crónicas y claro está, miles de libros. Y no quiero clausurar estas líneas sin remachar que la lectura nos conduce al pensamiento libre. Por esa vía llegaremos al *domingo sin ocaso* en que nos salvaremos como seres humanos. En que seguiremos siendo de carne, huesos, lucidez, sentimientos y prontos y diestros para la conversación presencial.

Y podremos escapar de convertirnos en aparatos programados, sin ángel ni sueños y, sobre todo, aburridos y feos.

RESUMEN CURRICULAR DE ALEXIS ORTIZ

Político. Periodista. Escritor. Consultor electoral.

Experiencia en Venezuela como diputado, alcalde, articulista de los principales diarios, director de revista, diario y emisora, dirigente estudiantil, vecinal, ambientalista, cultural y deportivo.

Corresponsal de revistas en España, Francia e Inglaterra.

Participante en reuniones parlamentarias, ambientalistas, culturales y de turismo estudiantil en ciudades de los cinco continentes.

En su exilio en Estados Unidos ha escrito en publicaciones impresas (y digitales), conductor de programas de radio y tv, recibido varias distinciones, entre ellas la Medalla del Congreso de EEUU.

Ha publicado 21 libros y miles de artículos de prensa, crónicas, reportajes, folletos, cuentos...

www.ingramcontent.com/pod-product-compliance
Lightning Source LLC
Chambersburg PA
CBHW030516080526
44586CB00011B/208